LA BARONNIE

DE BAGNOLS

par

Léon ALÈGRE

Fondateur du Musée et de la Bibliothèque de Bagnols
Chevalier de la Légion d'honneur
Officier de l'Instruction Publique
Membre correspondant de l'Académie de Nimes
et de plusieurs autres Sociétés Savantes

Extrait de la *Revue du Midi*

NIMES

IMPRIMERIE GÉNÉRALE
Rue de la Madeleine, 21
1905

LA BARONNIE DE BAGNOLS

LK7
44928

LA BARONNIE
DE BAGNOLS

par

Léon ALÈGRE

Fondateur du Musée et de la Bibliothèque de Bagnols
Chevalier de la Légion d'honneur
Officier de l'Instruction Publique

Extrait de la *Revue du Midi*

NIMES

IMPRIMERIE GÉNÉRALE (MAISON BOIS)

RUE DE LA MADELEINE, 21

—

1908

LA BARONNIE DE BAGNOLS [1]

LES BAGNOLS

Les anciens seigneurs de Bagnols étaient issus des illustres vicomtes de Béziers, ils portaient le surnom de Baignols.

Ils vendirent leurs terres pour aller aux croisades avec plus de train que de lustre.

Leur écu était : de gueules aux trois cuves d'or.

. Nous retrouvons leurs noms dans les titres du XIIIe et du XIVe siècle.

[1] Une Baronnie était l'étendue des possessions et de la juridiction d'un Baron.

Le mot Baron, du latin *Baro* vient du germanique *Bar*, qui signifie *homme*, ce mot fut importé en Espagne par les Goths.

A l'époque de l'invasion des barbares, en Germanie et dans les Gaules, nulle idée de distinction ou de dignité ne se rattache au Bar.

Cependant au IXe siècle, dès le règne de Charles le Chauve, on se servit de cette appellation pour désigner les propriétaires des grands domaines, ou les personnages qui dans l'empire Carlovingien tenaient un rang élevé par leur mérite et leur valeur. Ce fut donc un titre honorifique réservé aux chefs guerriers qui s'étaient illustrés, ou aux seigneurs qui exerçaient dans leurs terres, les droits féodaux dans toute leur plénitude.

Il n'y eut primitivement en France que trois Baronnies, Bourbon, Coucy et Beaujeu ; mais sous Philippe-Auguste, on en comptait, déjà cinquante-neuf ; les Grands Barons seulement relevaient immédiatement du Roi.

Un acte de décembre 1234 mentionne Guillaume et Pierre de Bagnols, comme étant alors les seuls régents de la ville pour tous les seigneurs.

Viennent ensuite :

Rostaing de Sabran et Pierre de Béziers frères.

Pierre de Bagnols, Chevalier, était un seigneur de la suite de Raimond Béranger, comte de Provence ; il souscrivit, comme témoin, la charte scellée à Draguignan, par laquelle ce prince confirme les privilèges de l'église de Fréjus, au mois de juin 1225.

On trouve après lui Jean de Bagnols, chevalier qui servit dans l'*ost* de Gascogne (armée), sous le Comte d'Arras, aux gages de 32 livres 13 sols par mois (1296). Ils descendaient ainsi que les suivants des seigneurs de la ville de Bagnols dont ils avaient pris le nom, à l'époque où les surnoms commençaient à devenir les noms propres aux familles, c'est-à-dire vers le xiᵉ siècle.

Raimond de Bagnols fut présent avec Pierre et Rambaud d'Aucèsune, Pierre Vaudron, Geoffroy de Chaudebonne, Bernard de Rainouard, à une transaction solennelle passée à Orange, le VI des calendes d'Octobre 1215, entre Guillaume, sire des Baux, prince d'Orange et l'ordre de Saint-Jean-de-Jérusalem sur leurs droits dans cette principauté.

Antoine de Bagnols, seigneur de Saint-Michel, vivait en 1499 et épousa Armande Raimond, coseigneur de Sabran et de la Roque. De ce mariage furent issus : Antoine et Michelle qui épousa Thibaut Alberti.

Antoine consentit avec son oncle Pierre de Bagnols. prieur de Roquepertuis. au partage des biens de leur maison en faveur du mariage de Michelle (1486).

On sait que les vicomtes héréditaires de Béziers
étaient d'une famille illustre. Ils étaient seigneurs
de Bagnols. On rapporte qu'en 1335 vivaient dans
le Languedoc Jean de Béziers, chevalier, et Bertrand de Rosiers, damoiseau, son frère. Celui-ci était
seigneur de Vénéjean et d'une partie de la ville de
Bagnols. Il y tenait, parait-il, grand état, si l'on en
croit l'acte que signale Pithon-Curt : ce seigneur
voulant reconnaître les services qu'il avait reçus de
Jean de Chazaud, damoiseau, qui avait gouverné sa
maison et ses terres et qui était sur le point de
mourir, ordonna par un acte passé devant Salebord,
notaire, à Bagnols, du 16 mai 1369, que 600 prêtres
assisteraient à ses funérailles et qu'on célèbrerait
600 messes pour le repos de son âme.

LES SABRAN

Nos recherches dans les archives ou dans les biblio-
thèques ne peuvent nous préciser l'époque où les
Sabran, sont devenus seigneurs de Bagnols pour
tout le terroir, ou une partie ; mais avant l'année
1226, Rostaing de Sabran en portait le titre et son
nom figure dans quelques actes ; il était fils de Guillaume de Sabran, connétable de Raimond VI, comte
de Toulouse, et avait épousé une des cinq filles de
Guillaume VII, seigneur de Montpellier, et de
Mathilde de Bourgogne. Il fit hommage lige à
Louis VIII au camp d'Avignon, où il se rendit, de
la partie qu'il avait en la seigneurie de Bagnols
et de ses domaines dans la région (juin 1226) (1).
Ce même Rostaing de Sabran, qui vivait encore

(1) *Histoire gén. de Languedoc*, Ed. Privat, tome VI, p. 608,
tome VIII, cc. 851, 852.

sous saint Louis, en 1249, après la mort de Raimond VII, dernier comte de Toulouse, dont il avait été le connétable, remit pour gage de sa fidélité envers le roi, son château de St-Victor (1) entre les mains d'Oudard de Villiers, sénéchal de Beaucaire et de Nimes, et déclara solennellement le « 21 octo-« bre 1249 que voulant ôter tous les soupçons qui « pourraient faire douter de sa fidélité, il avait prié « ce sénéchal de faire abattre les fortifications du « dit château, de la manière qu'il le jugerait conve-« nable, pour rendre cette place moins forte. » — Le sénéchal, après en avoir fait raser les fortifications, lui rendit le château et lui donna pour le dédommager 250 livres tournois par acte du 29 janvier 1249, passé à Saint-Saturnin, devant le légat du Pape, le cardinal Pierre, évêque d'Albano (2).

Rostaing de Sabran et sa postérité ne possédèrent la seigneurie de Bagnols qu'environ la durée d'un siècle. Pendant cette longue période, le Roi Louis VIII, après s'être emparé de la ville d'Avignon, en 1226, dont le siège avait duré plus de trois mois, avait établi un sénéchal royal pour les pays circonvoisins entr'autres de la ville de Nimes ; il confia cette charge à un officier français nommé *Pérégrin Latinier*, qui prend la qualité de sénéchal du seigneur roi de France à Beaucaire et à Nimes, dans une sentence arbitrale du 9 février 1226, par laquelle il régla les droits que les seigneurs de Bagnols avaient sur cette ville et ceux qui appartenaient aux habitants, en vertu de leurs privilèges et de leurs coutumes. C'est là l'origine de la sénéchaussée de Beaucaire et

(1) Saint-Victor-de-la-Coste (Gard).

(2) *Histoire gén. de Languedoc*. Edit. Privat, tome VI, p. 813, 814 ; tome VIII, cc. 1269, 1270.

de Nîmes, qui fut toujours remplie depuis par des sénéchaux d'une naissance distinguée (1).

En l'année 1303, le 7 des ides de Décembre il fut fait des statuts entre les seigneurs et habitants de Bagnols pour la réparation et l'entretien de la fontaine et du ruisseau de ladite ville ; ils furent publiés à Bagnols dans la maison de Rostaing et de Pierre de Béziers frères, en présence de M. Jean Thomas *Cancelarii Bituricensis*, secrétaire du roi et autres personnages et seigneurs de la ville.

En l'année 1314, le roi Philippe le Bel était devenu le maître de la seigneurie de Bagnols, ou par succession, ou par échange, ou par confiscation.

En 1316, le Cardinal Napoléon des Ursins, chef de la faction Italienne, presse le pape Jean XXII d'aller établir sa résidence à Rome. Le Roi de France pour s'attacher le cardinal et le détourner de ses vues, lui donne la seigneurie de Bagnols et la permission de bâtir un palais dans le royaume. Ce que le cardinal exécuta en construisant une superbe maison à Villeneuve-lès-Avignon (2). Enfin en 1321, le roi Philippe-le-Long, toujours dans la vue de gagner les bonnes grâces de la Cour Romaine qui résidait à Avignon, favorisa le cardinal des Ursins relativement à la seigneurie de Bagnols, où il avait fixé sa demeure et bâti un château magnifique avec la permission du Roi. Le cardinal acheva d'acquérir le domaine de cette seigneurie en achetant la part qu'y avait Godafrède de Cadres (3).

(1) Raimond, Elzéar et autres seigneurs d'Uzès, dans ces temps-là étaient de la Maison de Sabran.

(2) *Histoire gén. de Languedoc*. Ed. orig. t. IV, p. 158, Ed. Privat, t. IX, p. 344.

(3) *Ibidem*. Ed. orig. t. IV, p. 190 : Ed. Privat, t. IX, p. 414. Il existe encore dans l'étude de M. Justet, notaire à Bagnols des actes qui ont été passés par le cardinal des Ursins à cette époque (1316 à 1344).

La Baronnie de Bagnols demeura dans la maison des Ursins jusqu'en 1350. Les neveux et héritiers du Cardinal la vendirent, avec la permission du Roi, ainsi que la seigneurie de Vénéjan pour 20.000 florins d'or.

Le cardinal Napoléon des Ursins mourut, dit-on, à Bagnols.

On rapporte que, le 23 octobre 1305, le pape Clément V coucha à Bagnols (1) en se rendant à Lyon où il fut couronné, en présence de Philippe-le-Bel.

En 1308, le roi Philippe-le-Bel, ayant convoqué les Etats Généraux à Tours pour délibérer sur le procès des Templiers, y donna des lettres, le 6 mai de cette année, pour ordonner au sénéchal de Beaucaire de faire payer par tous les habitants de la ville de Bagnols au diocèse d'Uzès, les députés de cette ville qui avaient été envoyés à Tours (2).

Le sénéchal accorde aux habitants de Bagnols la permission de lever un péage pendant quatre années pour les réparations du pont. Cette permission fut publiée à Bagnols, à l'audience le 13 octobre de la dite année.

Les syndics de la ville, les recteurs ou ouvriers du pont présentèrent cette permission à *Noble Ade de Montière* chevalier, viguier royal de Bagnols, devant les seigneurs, damoiseaux, jurisconsultes de la région et M. Rainaud Gervais, notaire royal dans tout le royaume. La permission avait été donnée par Noble Guillaume de St-Just, chevalier, lieutenant de Noble Bertrand-Jordan de Lisle, chevalier, sénéchal de Beaucaire et de Nimes.

(1) *Histoire générale de Languedoc* Edit. orig. t. IV, p. 132, Edit. Privat, t. IX, p. 286.

(2) *Histoire générale de Languedoc.* Ed. orig. t. IV, p. 140. Edit. Privat, t. IX, 301.

La moitié du pont avait été entièrement détruite par les inondations de la rivière de la Cèze.

Le droit de péage fut : pour un homme à cheval 1 denier ; pour un piéton 1 obole, pour chaque animal chargé 1 denier et non chargé 1 obole ; pour chaque char traîné par une bête 2 deniers, par deux bêtes 3 deniers, par trois bêtes 4 deniers et ainsi de suite en remontant pour chaque bête en sus.

ROGER DE BEAUFORT
1352

La maison de Beaufort, illustrée par deux papes qui siégèrent à Avignon, sort du Limousin : elle a exercé une grande influence dans la contrée et dans le monde politique.

Pierre Rogier, seigneur de Rosiers, vivait en 1300. Son fils Rogier II acheta plusieurs seigneuries en Provence. Le roi Philippe de Valois l'avait exempté lui et ses successeurs de toutes les chevauchées que tout le reste de la Noblesse de son royaume lui devait. Ce privilège fut accordé par lettres données à Paris en janvier 1345, c'est-à-dire, après 1342, année de l'élévation de son frère à la papauté sous le nom de Clément VI.

Le Comte de Beaufort, vicomte de Turenne, avait acquis par acte passé à Villeneuve-les-Avignon, tous les biens qu'Humbert, Dauphin du Viennois, possédait en Languedoc et en Auvergne. Il acheta la baronnie d'Alais, depuis érigée en Comté, et la moitié de la ville d'Anduze.

Le 27 septembre 1352, les chevaliers des Ursins neveux et héritiers du cardinal Napoléon lui vendirent la *baronnie de Bagnols* (1).

(1) *Histoire générale de Languedoc.* Ed. orig. t. IV, p. 251 ; Edit. Privat, t IX, p. 566. En 1379, il possédait la villa de Verfeuil. Roger testa et mourut en 1383.

Cette famille renommée appartient donc à notre histoire locale. Le noble baron a vécu assez longtemps pour voir la tiare sur la tête de son frère et de son fils. Esquissons à grands traits la vie de ces deux pontifes célèbres.

Son frère qui était déjà, depuis dix ans, assis sur le trône pontifical à Avignon, dut se rendre fréquemment sur les bords de la Cèze. La ville de Bagnols possédait alors plusieurs maisons cardinales. Les princes de l'Église venaient en villégiature au-delà du Rhône.

Clément VI. — L'Histoire (1) nous apprend que, vers 1352, Clément VI appréciait les produits viticoles du domaine de Castel, près Saint-Gervais, et qu'en 1360, Innocent VI possédait un château à Bagnols. Le roi de France était toujours à la cour de Clément dont il habitait le palais sur la rive droite du fleuve à Villeneuve ; de là, il donnait des fêtes guerrières et des tournois à l'îsle de la Barthelasse (2).

Nous trouvons les traits saillants de la vie active de Clément VI dans l'historien Joudou (3).

Ce pape fut témoin des événements politiques les plus remarquables du XIVe siècle. Pendant son règne, dit l'auteur de l'histoire des souverains pontifes, les nations furent épouvantées par la tentative insensée de Rienzi et par le drame sanglant de Jeanne de Naples. Par les soins de ce pape, le Dauphiné devint province française. Ainsi d'une main, Clément agrandissait le domaine de la France et de l'autre, répandait les bienfaits de la civilisation.

(1) Léon Alègre. *Notices Biographiques du Gard* (canton de Bagnols), T. II. page 274.

(2) De *Bartalacius*, boulanger d'Avignon, qui se fit inféoder la quantité de terre dans cette île, appelée autrefois île d'Argentan.

(3) Joudou, *Histoire des souverains pontifes d'Avignon.* T. I, page 537 et suiv.

Pierre Roger aimait les lettres : il sut apprécier le talent de Pétrarque et rapprocha le philosophe de Vaucluse de sa personne jusqu'à l'intimité, tant l'esprit éclairé du pontife savait distinguer le mérite et le séparer de ce talent de courtisannerie qui se plie à toutes les exigences des souverains (1).

Clément apporta sous la tiare pontificale tous les goûts qui accompagnent la fortune et la grandeur mondaines. Le luxe qui éclata dans l'ameublement de son palais, la société brillante qu'il recevait, dont il ne put jamais se priver, son goût pour les chevaux, toutes ces excessives prodigalités trouvèrent de sévères censeurs parmi les historiens de son siècle. Pétrarque, son ami, ne l'a pas non plus épargné dans ses écrits.

Teissier lui-même, l'apologiste des souverains pontifes, convient que Clément VI vivait plutôt en prince qu'en vicaire de Jésus-Christ, qu'il combla d'honneurs ses parents et ses alliés (2), mais il ajoute aussi qu'il donnait avec profusion aux pauvres. Tous les historiens du temps s'accordent à exalter les actes de bienfaisance et les largesses du magnifique pontife (3).

Son couronnement se fit avec la plus grande pompe, le 19 mai 1342, dans l'église des Frères Prêcheurs, en présence de Jean, fils du roi de France, d'Humbert, dauphin du Viennois et de plusieurs grands seigneurs du royaume qui lui servaient d'écuyers : tous les princes, tous les peuples envoyèrent des ambassadeurs. Pétrarque et Rienzi étaient parmi les députés de Rome.

(1) Dans F. Rybell, *Revue du Comtat*, lire une appréciation de la vie de Clément VI.

(2) Idem, *ibidem* n° 19.

(3) Petrus de Herental, *Vita Clementis VI*.

Le premier soin du Pontife après son exaltation fut l'examen approfondi des différents sujets de désunion des rois de France et d'Angleterre, il voulut concilier tous les grands oppresseurs des peuples par l'intermédiaire des légats qu'il envoya de toute part.

Clément passait à Avignon pour un souverain généreux, magnanime dans l'exercice de la papauté (1). Sa maxime favorite était « qu'on ne doit pas sortir de la maison des grands les mains vides. » Les solliciteurs en abusaient.

Le pape pour assurer la sécurité du Saint-Siège, convoitait la possession d'Avignon, ville qui appartenait à la Reine Jeanne. Il en offrit 80:000 florins d'or, somme qui fut acceptée (2). Le Pontife put continuer alors sur les dessins de Pierre Obreri la gigantesque construction du palais commencé par son prédécesseur Benoit XII : il fit bâtir les remparts et réparer le Pont Saint-Bénézet.

Clément VI tomba malade : il fit des réflexions profondes sur sa vie active et fastueuse. Un auteur (3) cite son acte de contrition. Il mourut le 6 décembre 1352. Son frère n'était seigneur de Bagnols que depuis trois mois ; son corps fut d'abord déposé dans l'église de Notre-Dame-des-Doms, d'où on le transporta au monastère de la Chaise-Dieu. Il s'était fait élever là un mausolée dont les pierres avaient été

(1) *Prima Vita Clementis VI.*

(2) L'acte fut passé le 10 janvier 1848. (Joudou). Le Comté Venaissin avait été cédé au Saint-Siège en 1228 par Raymond VII, comte de Toulouse, en vertu du traité de Paris qui fit passer le Languedoc à la France ; retour le 14 septembre 1791. Le florin d'or de la Reine Jeanne valait 11 fr. 75, soit 80 000 florins vaudraient en 1882, 940.000 fr., titre 948 millièmes.

(3) Raynald an. 1351, n. 38.

sculptées sous ses yeux à Villeneuve ; à son cortège magnifique, son frère, le Baron de Bagnols et cinq cardinaux de sa famille l'accompagnaient. La dépouille mortelle de Clément fut remise aux moines et déposée dans le mausolée.

L'historien des évêques de Rouen dit qu'en 1562, ce tombeau fut violé par les huguenots qui s'emparèrent de la tête du Pape et s'en servirent comme d'un ballon pour jouer. Il ajoute que le marquis de Carton qui les commandait, fit du crâne une espèce de coupe dans laquelle il donnait à boire à ses gens.

Clément VI avait vécu à une époque exceptionnelle : siècle d'imagination, de force, de galanterie, de cour d'amour, d'hérésie, de schismes, de guerres féodales, civiles et étrangères. Sa cour devait inévitablement se ressentir de l'influence des mœurs du temps.

On a dit qu'un des plus grands titres de gloire du pontife est d'avoir émancipé les Juifs. Ces malheureux enfants de Jacob purent construire des quartiers respectés dans les principales villes papales, Avignon, Ancône, Carpentras, l'Isle, Cavaillon et Rome. — « *Clemens nomine, Clemens re !* » s'écriait le peuple avec enthousiasme.

C'est pendant son pontificat qu'il reçut notre compatriote Levi-ben-Gerson (1). Nous avons déjà raconté que le célèbre Rabbin de Bagnols traduisit de l'hébreu en latin son traité d'instruments astronomiques, pour le souverain pontife et seigneur, Clément VI, l'an de l'incarnation 1342.

Grégoire XI (2). — La vie de Grégoire XI, neveu

----

(1) Léon Alègre : *Notices Biographiques du Gard* T. II, p. 40.

(2) Entre la mort de l'oncle Clément VI (1352) et l'élévation du neveu Grégoire XI, il y eut un intervalle de 18 ans, occupé par les règnes d'Innocent VI (1352), Urbain V (1362) et Grégoire XI (1370).

de Clément VI, ne fut pas aussi tourmentée que celle de ce dernier pontife. Fils de Guillaume, Pierre Roger, né en 1331, était protonotaire du Saint-Siège lorsqu'il fut à l'âge de dix-huit ans, créé cardinal-diacre par son oncle. Après la mort d'Urbain V, le conclave voulut l'élire pape, son père Guillaume de Beaufort, encore vivant, vit donc son frère et son fils papes et un autre frère, deux neveux et cinq cousins cardinaux.

Pierre, qui avait trente-neuf ans, était d'une constitution frêle et maladive (1). Modeste, affable et prévenant, le nouveau pape fut le seul qui n'applaudit point à son élection parce qu'il croyait cette haute dignité au-dessus de ses forces. Comme il n'était que diacre, il fut ordonné prêtre, et le lendemain sacré évêque et couronné pape par le cardinal de la Jugie.

La première pensée de Pierre Roger se tourna vers le projet de faire cesser la guerre entre la France et l'Angleterre, tentative infructueuse. Bientôt il eut des démêlés avec plusieurs villes d'Italie et avec certaines contrées de l'Orient ; mais ce qui contrista son cœur de Souverain - Pontife, c'était l'approche de la *Réforme* prêchée sur quelques points des pays catholiques par des fanatiques passionnés et bravant les menaces de l'Inquisition (2).

Rappelons la guerre avec les Visconti et la révolte des villes italiennes contre les légats. Les Florentins se soumettent. Intervention de Catherine de Sienne, religieuse, âme brûlante, pleine de cœur, dominée par deux grandes passions : l'amour de

(1) Ciaconius, *Res gest. Pont.* T. III.

(2) Joudou, *Hist. des Souverains Pontifes,* t. II, p. 131 et 132. Lettre du Pape au roi Charles V et excès de l'Inquisition.

Dieu et l'amour de la patrie. Ambassadrice de Florence, Catherine arriva à Avignon en 1376. Le succès de sa mission fut le pardon des Florentins et la promesse que lui fit le Pape de transférer le Saint-Siège à Rome (1). Mais les Florentins accueillirent mal la médiatrice inspirée, leur ingratitude envers ce modèle de patriotisme la força à prendre la fuite.

Du fond de sa retraite, la sainte écrivit quatorze lettres, dit-on, au Pape pour lui rappeler sa promesse. Ébranlé par ces missives réitérées, Grégoire, désespérant de faire la paix avec les villes révoltées, promit à une députation romaine arrivant à Avignon, qu'il se rendrait dans la ville des apôtres, afin d'éviter un schisme avec l'élévation d'un antipape.

Les cardinaux reçurent froidement la résolution de Grégoire. Afin de le détourner de ce projet, le Roi lui envoya son frère, Louis d'Anjou, comme ambassadeur. Tout fut inutile. Le baron de Bagnols, Guillaume de Beaufort et sa femme n'épargnèrent ni prières, ni larmes (2). le Pape ayant pris une détermination irrévocable se prépara pour son voyage.

Avant son départ, Grégoire reçut l'hommage des Avignonnais. Par une bulle du 23 août 1376, il confirma ce qui leur restait de privilèges et de libertés. En septembre, il défendit l'aliénation de la ville et du Comtat-Venaissin et nomma un gouverneur.

Depuis le 13 septembre 1376, jour du départ du Souverain-Pontife, Avignon fut administré par des cardinaux légats ou vice-légats.

(1) L'abbé André, *Monarchie pontificale*, p. 469.
(2) Baluze, *Vitæ Paparum Avenionensium*, fol. 481.

L'escadrille pontificale partit de Marseille, longea les côtes d'Italie et arriva à Ostie, après avoir essuyé une tempête effroyable (1).

Il fit son entrée à Rome, salué par des transports inouïs des ultramontains, mais peu après la conduite des Romains fut loin de le tranquilliser. Les villes rebelles, qui avaient promis de se soumettre dès l'arrivée du pontife, résistèrent et poussèrent à la révolte. Grégoire leva une armée pour se défendre et combattre ses propres sujets. Il reconnut, mais trop tard, qu'on l'avait trompé. Cependant les affaires publiques prirent bientôt une direction favorable à la paix. Rome, Florence, Bologne avaient accepté un congrès auxquels les souverains envoyèrent des représentants, lorsqu'on apprit l'état désespéré de Grégoire. Le congrès se sépara sans rien conclure. Le Pape comprit la position critique où se trouvait l'Église. Le Sacré-Collège était composé de prélats français et d'autre part les bannerets romains fomentaient la discorde et se montraient jaloux de reconquérir la tiare italienne. Grégoire songea à retourner à Avignon. Le délabrement de sa santé le fit reculer en présence d'un aussi long voyage.

En prévision d'une mort prochaine, il songea à mettre ordre aux affaires de l'Église; il donna, le 19 janvier 1378, une bulle que l'on peut regarder comme la cause du schisme qui désola l'Occident pendant un demi-siècle et fit couler des torrents de sang chrétien.

Grégoire était très faible de complexion et souvent tourmenté de la gravelle. On dit qu'il recommanda à

(1) Joudou, t. II, pièces justificatives, p. 392. Itinéraire de Grégoire XI, document curieux.

son entourage de se défier de certaines personnes
de l'un et de l'autre sexe qui, sous prétexte de pré-
tendues révélations, proposaient leurs visions pour
règle de la conduite, qu'on doit tenir dans le gouvernement de l'Église (1). Grégoire faisait allusion à
la visite de sainte Catherine de Sienne. Il tomba
bientôt dans une noire mélancolie, le mal s'ag-
grava, il mourut le 27 mars 1378.

Joudou ajoute : Tous les historiens font l'éloge
de la piété et de la douceur de caractère de Grégoire XI. Ce pape fut le martyr de son époque. C'est-
à-dire qu'il fut sacrifié à toutes les ambitions de l'ab-
solutisme des rois et à toutes les exigences de la
démocratie. Grégoire, manquant d'énergie, dut se
dévouer comme une victime. Le sacrifice consommé,
allaient venir les révolutions, le schisme, résultant
du conflit d'intérêts et de passions entre les cardinaux français et italiens, auquel vint se joindre
malheureusement la rudesse de caractère de Bar-
thélemi Prignano, qui fut le successeur de Grégoire XI.

Comme son oncle Clément VI, Grégoire XI est
vanté pour sa libéralité envers les pauvres et les
gens de lettres dont il fut le protecteur empressé.
On ne lui reproche qu'un peu de faiblesse pour sa
famille. Il eut perpétuellement auprès de lui son
père, notre baron de Bagnols, ses frères et ses neveux, la plupart assez enrichis par leur oncle Clément VI, pour qu'il n'eût point à augmenter leur
fortune, il déféra trop peut-être à leurs conseils et
quelquefois à leurs sollicitations.

Exposé, selon la coutume, dans l'église de Saint-

(1) Vertot, *Hist. de Malte*, t. 2, p. 280. —

Pierre, le corps du pape défunt fut transporté à Sainte - Marie - la - Neuve, qui avait été son titre de cardinal.

Le peintre Raphaël a immortalisé cette translation en retraçant, sur une belle fresque de la salle royale du Vatican, l'entrée triomphale de Grégoire XI dans Rome (1).

TERTULI

(1554 - 1585).

Blason : d'azur au lys fleuri et boutonné d'argent tigé et feuillé de sinople.

Originaire de Bourges, la famille Tertuli était établie dans le Comtat - Venaissin. Étienne Tertuli habita d'abord le bourg de Mazan, près de Carpentras, après il vint à Avignon ; il fut maître des requêtes de l'hôtel et ministre du roi Charles VIII, par lettres du 6 septembre 1487. Il eut commission de ce prince, par lettres données à Orléans, le 31 mars 1489, de se joindre à Thibaud Baillet, président du Parlement de Paris, et à Accurse Maynier, juge mage de Provence, commissaires établis par le roi pour examiner, avec les représentants de la duchesse de Bretagne, qui devaient s'assembler à Avignon, les différends que le roi avait avec cette princesse au sujet de ses états, en exécution du traité de Francfort, du mois de juillet précédent.

La même année 1487, le roi René, comte de Pro-

(1) Sous son pontificat mourut Pétrarque, 18 juillet 1374.

vence, le met dans son conseil et la reine Jeanne de Laval, épouse de ce prince, le nomma sur-agent (procureur général) à Avignon.

Antoine de Tertuli, son fils et son héritier, docteur en droit de l'église métropolitaine de Notre-Dame des Doms, à Avignon, en était le prévôt. Il occupa cette place jusqu'à sa mort, en 1555 (1).

C'est en 1554 qu'il avait acquis du roi la seigneurie de Bagnols, avec toute juridiction haute, moyenne et basse, ensemble aussi la seigneurie que M*. le Comte d'Alais avait dans cette ville.

A la mort du prévôt, Nicolas Tertuli, docteur en droit, Antoine son frère prit, le 23 mai 1555, possession de la seigneurie de Bagnols, de Saint-Laurent-de Carnols et Cornillon. Il créa de nouveau le sieur Claude Borrel, baile à Saint-Laurent, pour régir et administrer justice et le représenter comme chef.

Nicolas s'était marié, le 14 septembre 1527, avec Claire des Rollandi, fille d'Olivier, avocat et procureur général de la légation d'Avignon, et de Pierette de Girard d'Aubrez. Par son testament en date de 1578, il institua héritiers ses cinq enfants, deux garçons et trois filles. En 1614, il ajouta à ses dernières dispositions un codicille par lequel il fonda deux canonicats dans l'église collégiale de la Madeleine, d'Avignon. Le seigneur de Bagnols voulut en outre léguer des fonds pour la dot de vingt-cinq pauvres filles, dix écus d'or à chacune et tous les ans. Il voulut que ces nominations fussent aux choix de ses héritiers et successeurs, mais ceux-ci se réservèrent seulement la présentation aux

(1) Gallia Christiana. — In Præpositis Avenion. A Avignon, la famille Tertuli avait son tombeau dans l'église métropolitaine, à la chapelle dite la Résurrection, qui était la quatrième en entrant dans l'église.

bénéfices et laissèrent aux consuls d'Avignon la dotation des filles.

Les fils de Nicolas moururent insensés et sans alliances et ses trois filles, conservant le nom et les armes des Tertuli, s'unirent à des familles de la contrée.

Ce sont les gendres de Nicolas Tertuli qui, préférant le Comtat-Venaissin au Languedoc, se décidèrent, en 1585, le 30 mars, de vendre à Mgr de Montmorency la baronnie de Bagnols.

LE DUC DE MONTMORENCY

(1595 1632).

Le 30 mars 1585, la famille Tertuli vendit, à très haut et très puissant seigneur Henri, duc de Montmorency, pair et maréchal de France, gouverneur et lieutenant-général pour le roi, en Languedoc, la place et ses droits seigneuriaux de la ville de Bagnols, ensemble tous les droits qu'elle avait sur Orsan, Marlhan, Saint - Médier, Cadenet, Jicon, Saint - Nazaire, Mornas, Saint - Étienne - des - Sorts, Laudun et Valbonne, pour le prix de 7.616 livres.

Les Montmorency séjournèrent souvent au centre de leur baronnie. Le maréchal duc de Damville reçut, dans son château de Bagnols, Charles IX avec sa mère, Catherine de Médicis, lors de leur voyage en Languedoc. Dans la contrée, on adorait la famille « du premier baron chrétien ». Si le nom des autres seigneurs s'est effacé dans le souvenir des générations nouvelles, une des figures historiques les plus populaires parmi nos compatriotes est celle de *Moussu de Montmouráncy,* seigneur de Bagnols. Esquissons à grands traits la vie de ce personnage politique.

Henri II, duc de Montmorency et de Damville (fils du connétable), naquit le 20 août, à Chantilly, en 1595. Henri IV fut son parrain. Par héritage, il devint de bonne heure gouverneur du Languedoc (1).

Louis XIII le fit amiral à l'âge de 17 ans. De tous les grands seigneurs de cette époque, le jeune duc fut le plus aimable et le plus aimé. Joignant à la valeur la plus brillante le nom le plus français, les formes les plus attachantes, le caractère le plus généreux, il était l'idole de la cour et des provinces, du peuple et de l'armée (2).

On cite ses exploits en Piémont, 1629. Ils lui valurent le bâton de maréchal. Le roi le lui offrit en disant : « Acceptez-le, mon cousin, vous l'honorez plus qu'il ne vous honore. » Mais dès 1632, ce loyal chevalier ternit toute sa gloire en entrant en rebellion contre le roi, qu'il finit par trahir.

Montmorency s'était marié avec la nièce et filleule de la Reine-Mère, une belle jeune fille, Marie des Ursins, d'une grande distinction. Ils menaient en Languedoc une vie princière : tantôt, avec le roi, il faisait la guerre aux protestants qui s'insurgeaient contre Louis XIII, tantôt, comme les rois troubadours, aux beaux jours de la langue d'Oc, le duc

(1) Le clergé, la noblesse et le peuple le reçurent avec des démonstrations enthousiastes de tendresse et de joie.

(2) Il fit élever, au connétable son père, une statue équestre en bronze, à Chantilly : monument unique de piété filiale dans un particulier.

Vers le même temps, afin de plaire à la reine, il se lança dans des dépenses prodigieuses, au superbe carrousel que cette princesse donna à la place Royale. M. le Duc parut, dans ces fêtes, avec une magnificence inouïe. Il y combattit sous le nom de Persée. Une note de Désormeaux (*Histoire de la Maison de Montmorency*, t. III, p. 196), précise tous les détails curieux de ces fêtes célèbres et donne une idée des mœurs, de la galanterie, du goût et des richesses des grands de ce siècle.

avait à ses côtés, dans les villes du midi, des poètes, des peintres, des musiciens, des chanteurs. Il aimait à présider leurs fêtes, mais la guerre revenait souvent les troubler. Montmorency s'attachait tout le monde par des mots heureux, des manières aimables, autant que par sa magnificence et ses largesses. Il était adoré par sa femme, dont la touchante sollicitude était incessante et compromettait même sa santé. Ce faible corps avait tant souffert qu'elle ne put longtemps prendre de nourriture. On dit que la tendresse de cet homme adorable s'ingéniait sans cesse à rappeler en elle le désir de vivre qui l'avait abandonnée ; lui-même, il lui préparait chaque jour quelques mets de son invention capables de la séduire. Il savait lui faire mille surprises. On raconte qu'il s'habillait en pêcheur et revenait, la ligne à la main, lui apportant gaîment pour son repas le poisson qui pendait à l'hameçon : ces aimables soins la rappelèrent à la vie.

Le Languedoc, réuni à la couronne depuis quatre siècles, avait gardé à peu près intacts ses privilèges et ses franchises locales et une administration presque indépendante de l'État. Il était donc d'usage que les États de la Province se réunissent pour voter les impôts ; mais Richelieu, qui ne voulait pas accorder un tel rôle aux nobles et aux bourgeois, était sur le point de supprimer nos assemblées souveraines, lorsque Montmorency intervint auprès du ministre et obtint ce que demandait, avec lui, la population toute entière. L'influence du Gouverneur était donc universellement établie, et tous les Languedociens semblaient devoir marcher unis sous la bannière du noble duc. Mais l'orage grondait sourdement à la cour.

Les divisions qui régnaient entre Gaston d'Orléans et son frère, le roi Louis XIII, furent la première cause des troubles du royaume.

De son côté, Richelieu poursuivait sans relâche son but unique : relever la puissance du roi en amoindrissant la puissance des seigneurs et en gouvernant l'État lui-même et lui seul.

Monsieur, frère du roi, s'évada une troisième fois du royaume. Il se retira à Bruxelles parmi les Espagnols, avec qui la France était en guerre. Il demanda des troupes et de l'argent à l'empereur et au roi d'Espagne et repassa la frontière, à la tête de quelques régiments. Dans le violent manifeste qu'il lança alors contre Richelieu, le prince appelait le cardinal « pertubateur du repos public, ennemi du roy et de la maison royale, dissipateur de l'estat, usurpateur de toutes les meilleures places du royaume, tyran d'un grand nombre de personnes de qualité qu'il a opprimées. » Les efforts de Gaston tendirent à entraîner le gouvernement du Languedoc dans son parti.

Montmorency réfléchit longtemps avant d'entrer dans la conspiration, cependant il accepta ; mais le duc n'avait pas encore pu songer à lever des troupes, quand une invasion fondit sur la province.

On conseillait à Montmorency de dégager sa parole, il n'en voulut rien faire et réunit les États-généraux le 22 juillet. L'assemblée s'engagea à recevoir Monsieur dans la province, elle autorisa le gouverneur à lever des troupes et des contributions. L'archevêque de Narbonne qui présidait protesta seul. Ce fut le signal de la guerre civile.

Nimes , Beaucaire , Montpellier , Toulouse tinrent pour le roi.

Bientôt Montmorency perdit confiance : il semblait pressentir la défection de son royal allié. Il envoya son neveu le Comte d'Alais, colonel de la cavalerie, et proposa un arrangement au cardinal. Richelieu fut inflexible, bien plus, il fit paraître un arrêt foudroyant contre lui, et dès lors le duc ne chercha plus qu'à se tirer d'embarras par une victoire ou par la mort.

Déjà les troupes du roi pénétraient dans la Province. Le maréchal de La Force entrait par le Pont-Saint-Esprit et le maréchal de Schomberg marchait par le haut Languedoc pour envelopper Gaston d'Orléans. De son côté, le cardinal jugeant opportune la présence du roi, conduisit Louis XIII à Lyon d'où ils s'acheminèrent ensemble vers le Midi.

Que se passait-il à Bagnols, pendant tous ces préparatifs de guerre ? Un chroniqueur du temps nous en a donné le récit, écrit jour pour jour (1) !

« Le samedi 4 octobre 1631 , Mgr de Montmorency vint dîner en cette ville et dîna chez M. Rochecolombe, il n'y avait qu'une partie de son train, et s'en alla coucher au Saint - Esprit, où il était arrivé quelques jours auparavant avec Madame. Il

(1) Il existe un manuscrit de l'époque que l'on croit, à tort, avoir été laissé par un ministre protestant de Bagnols. Cette pièce, dont nous avons, dans le temps, pris une copie exacte, appartient à M. Saurin. C'est un journal des années 1629 à 1633. Dans nos citations, nous en suivrons le plus souvent le texte. Selon nous, ce journal a dû être écrit par un *marchand* bagnolais et protestant. En rapprochant le texte du manuscrit et les citations de Ménard (*Histoire de la ville de Nimes,* t. V, p. 613 et suiv.), nous sommes certains que l'historien nimois l'a connu et que c'est de ce manuscrit dont il parle dans ces notes : *Mém. ms. de Bagnols fait dans le temps,* parmi les mss. d'Aubais.

fit conduire en cette ville (Bagnols) deux petites coulevrines disant qu'il les voulait donner aux recolets pour faire une cloche, et partit du Saint-Esprit le lundi 6ᵉ du dit, par eau ,1).

« De l'année 1632, furent consuls M. Enoir Ginioux, docteur; sire Jean Béchard, chirurgien, second ; Michel, clapier, cardeur, troisième ; François Chazel, revendeur, quatrième ; valets de ville Guillaume Mate et Michel Mourau ; greffier de la ville M. Jean Pélissier, à cause que M. Jean Laperche, notaire et procureur ordinaire qui était le greffier, mourut le 7 février 1632.

« Le jeudi 1ᵉʳ jour de janvier, il y eut jeûne général pour toutes les églises réformées du royaume.

« Le lundi 12 juillet, arriva en cette ville Mgr le duc de Montmorency. Il était logé dans la maison de feu M. d'Augier (2), il séjourna quelques jours durant lesquels ce ne fut que allant ou venant, personnes et convois. M. le duc de Ventadour y arriva ainsi que presque toute la noblesse du Vivarais et d'autre part. Ce n'était que conseils secrets et M. de Montmorency ne faisait que jouer du *Ballon à la place*, et y faire des parties en attendant

---

(1) L'année 1632 avait été « fort pitoyable tant pour la disette que pour les gens de guerre qui reviennent en ce pays. » Notre chroniqueur donne les prix de diverses denrées, les châtaignes 4 livres 10 sols le quintal, le froment beau de montagne 46 sols l'émine, le cousegal à 35 sols, le vin à 2 sols le pot ».

(2) Nous remarquons que le duc de Montmorency logeait en ville et non pas au château, probablement déjà trop délabré. Pierre d'Augier était, dès 1603, prévôt général de la province du Languedoc. Il se disait baron. Chicaneur et processif, il plaida longtemps pour soutenir ses droits sur la terre de Sabran. D'Augier, dut mourir vers 1628. Il offrait une hospitalité princière aux voyageurs de distinction, aux barons et au roi. L'hôtel d'Augier était situé *sur la place*, il a appartenu à la famille Gentil ; le docteur Mallet, qui en a hérité, l'a légué à la ville. C'est dans cette maison de belle apparence sont installés aujourd'hui la Bibliothèque et l'Ecole de Dessin.

des nouvelles de la cour. Durant son séjour, le bruit vint que Monsieur, frère du roi, était entré en France avec armes. Les habitants firent garde bourgeoise, ce jour, à la porte. Aussitôt que M. de Montmorency reçut les nouvelles du courrier annonçant comment Monsieur était entré, il partit de cette ville, le 16 dudit juillet, pour aller à Beaucaire. En sortant de la porte des Peyrières, il vit quelques armes dessous le « revellin » et il demanda à qui étaient ces armes, et qu'est ce qu'on voulait en faire, et quelqu'un de ceux qui étaient à la garde, répondit que l'on avait ouï dire que Monsieur était entré en France avec les armes, et que l'on avait trouvé bon de faire un peu de garde. Lors il leur répondit qu'il ne fallait point avoir de peur et qu'il n'y avait que bonne paix et leur commanda de ne faire point de garde et de rentrer ces armes dans la ville, ce qu'ils firent. On déposa devant leur maison les armes de ceux qui n'étaient pas à la porte, et ceux de la religion qui en avaient emprunté des autres les leur rendirent. Il alla à Beaucaire, où le château se rebella contre le roi.

« M. de Vinezac, gentilhomme du Vivarais, vint en cette ville avec finesse, avec un laquais, et son homme de chambre. Il vint à la porte de Bourgneuf, se présenta et demanda au portier et à ceux qui étaient à la porte, si M. de Montmorency était en ville, ils lui répondirent que non, et qu'il était parti pour Beaucaire. Il entra dans la ville et ayant mis pied à terre chez Jean Genty, hôte au logis de Langes (1), il s'en alla trouver M. le

---

(1) Le logis de Lange était dans la grand'rue, en face de l'hôpital, dans la maison de M. Joseph Boissin, nég.; la ruelle à côté porte encore le nom de l'ange, corruption du mot Lange.

Consul Ginioux qui était de la cabale, et lui présenta la lettre que M. de Montmorency lui écrivait pour lui rendre le château. Ginioux lui dit qu'il n'avait pas la clef, mais que Mme de Taillade l'avait et qu'il fallait user de finesse pour l'avoir, qu'il la fallait aller voir qui était malade, au lit, des goutes, et qu'il fallait dire qu'il désirait avoir la clef afin de sortir du château les petits canons, qui y étaient, à cause que M. de Montmorency désirait de les faire embarquer, à l'Ardoise, pour les faire conduire à la descente. Elle lui fit bailler la dite clef. Étant dedans, ceux qui étaient du parti, comme M. Deleuze et M. Henri Lanet et son beau-frère et autres y survinrent en attendant le fils de M. Vinezac qui arriva le lendemain avec ses gens. Aussitôt le bruit fut par la ville que l'on voulait se rebeller, ils virent que la plupart des hommes étaient à la foire de Beaucaire. M. de Vinezac avec le consul Ginioux et les gens de leur parti, firent assembler le conseil général dans la maison du roi (1). Tous les magistrats de cette ville y vinrent sinon M. d'Alméras qui était du parti. M. de Vinezac dit au pauvre peuple qui était là présent qu'ils eussent à dire quel parti ils voulaient tenir, et que s'ils voulaient tenir pour Monsieur frère du roi qu'ils le disent librement : mais c'était seulement pour voir ceux qui diraient de tenir bon pour le roi, afin d'en faire le rapport à M. de Montmorency, car déjà on faisait des menaces. Louis Barandon, boucher, s'y trouva, lequel se mit à dire tout haut, qu'il fallait tenir pour le roi et non pas pour autre. Aussitôt M. Deleuze, qui était de

---

(1) Maison d'Augier, actuellement la Bibliothèque, legs de M. le docteur Mallet.

la faction, ayant son épée au côté et un bâton à la main, le leva en haut pour frapper le dit Barandon, et dit qu'on ne se rebellait pas contre le roi, et que ce que l'on faisait était tout simplement contre le cardinal. Alors, les pauvres gens voyant cela, il n'y eut personne qui forma aucun mot ; alors tout le monde prit l'épouvante et le lendemain on commença à plier bagage et sortir, les uns à Orange, les autres en Avignon, les autres dedans le Comté d'Avignon ou autres lieux. M. de Vinezac au bout de quelques jours, voyant que l'on sortait toute espèce de marchandise et toute sorte de meubles portatifs, ne voulait rien laisser sortir. Aussi on ne sortit tout que secrètement.

« Le mardy 27 juillet, Mgr le Maréchal de la Force vint assiéger Bagnols ; les gens d'armes et autres gens de cheval que M. le Marquis son fils conduisait qui s'en allait, en hâte, du côté de Nimes, se campa du côté de la citadelle, jusqu'à ce qu'on put savoir ce que les consuls lui avaient répondu et ne firent aucun mal à personne de la ville ni aucun déplaisir.

« Quand ils furent en deçà le Pont, ils prirent le chemin du long la vigne du sʳ Truchard, de M. de Vaulx, et descendirent au grand chemin et puis prirent le chemin d'Uzès, le bordelet jusque vers la citadelle et puis prirent le grand chemin de Nimes. Ils désiraient traiter avec la ville, ils ne voulaient mettre dedans que trois compagnies du régiment d'Aiguesbonne, ainsi que la compagnie de M. de Bessège, dont M. Rencurel, enfant de cette ville, était son lieutenant, mais ils ne s'y voulaient point arrêter. Ils étaient logés au clos des hoirs du sieur Chatanier (1). Il partit de cette ville le jeudi 29 du dit et s'en retourna au Saint-Esprit, où il fit la plupart de son séjour. Il y faisait prêcher dans son logis, de même il y fit la cène.

« Le 4 août, M. de Montmorency envoya une compagnie de mousquetons et une de chevau-légers ; on les mit de deux à deux dans les maisons dont les habitants étaient absents.... »

Les Bagnolais durent être frappés de terreur en apprenant la nouvelle des événements du Pont-Saint-Esprit. Depuis le commencement de la rebellion, on avait enfermé dans la citadelle deux personnages indignes ramenés de Privas, dont les troupes du roi avaient fait le siège. « Le 6 août, le vicomte de Lestange, le plus brave et le plus puissant seigneur du Languedoc, un des prisonniers, eut la tête tranchée au devant de la citadelle du Saint - Esprit , et le lendemain, M. de La Champ, fils de M. d'Entreygue, fut aussi décapité par l'exécuteur de Montélimar (2). »

Le lundi 6 août, M. le Maréchal de la Force vint du côté de Beaucaire avec ses régiments et ses canons pour assiéger Bagnols. La ville dut n'opposer qu'une faible résistance : nous manquons de détails sur les opérations militaires et si ce n'étaient quelques boulets (3) trouvés incrustés encore dans les murs, nous pourrions douter de

(1) L'enclos de Chatanier était au nord de la croix de l'hôpital; cet immeuble appartient encore à la même famille, aux hoirs de à feu M. l'abbé Castanier, curé de Saint-Michel-d'Euzet.

(2) Il est digne de remarquer que *Vinezac*, *La Champ*, *Saint-Rémésy* sont des noms de villages de l'Ardèche. Ce furent les gentilshommes du Vivarais qui fomentèrent l'agitation parmi nous.

(3) Dans la démolition de la porte de Bourgneuf, on découvrit, en 1856, un boulet que nous avons conservé au Musée de la Ville.

la vigueur de l'attaque. Du reste dès le lendemain mardi, la capitulation avait lieu, puisque notre chroniqueur rapporte que « le mercredi suivant il y entra le régiment de Navarre, et ceux qui étaient dedans étaient M. de Vinézac et le comte de Saint-Remesy, ainsi que tous les gens de guerre. M. le Maréchal y entra sur le midi. On ne laissait pas entrer aucun étranger, sinon ceux de la ville. Tout était à la discrétion des soldats. C'était une chose pitoyable à voir, tous les pauvres travailleurs, avec leurs femmes et leurs enfants et le peu qu'ils avaient pu approcher, était dans l'église. Il s'y fit de grands désordres, quoique le Prévôt ne faisait qu'aller et venir du long de la grand'rue et à la place, et autres rues qui étaient près, pour empê-cher que l'on ne fît point de désordres, mais aux rues qui étaient écartées il était impossible d'em-pêcher. Le jeudi au soir suivant, le prévôt prit deux soldats qui avaient violé une femme et mis le feu à une autre maison ; ils furent pris dans la la maison quoiqu'ils ne fussent pas seuls, mais les autres s'enfuirent avant que le prévôt y fût. Ils furent menés en prison et le lendemain au matin ils leur firent tirer au sort et le même jour, ven-dredi sur les 4 heures du soir, un de ceux là fut pendu et l'autre servit de bourreau à la grand'-place » (1).

M. le Maréchal de la Force, mécontent sans doute, du corps des Consuls, destitua les titulaires et les

____

(1) Le lieu précis est à côté de l'ancien Hôtel Mallet, aujourd'hui la Bibliothèque, il y avait jadis, devant cette maison, un fût de colonne de granit ayant servi de pilori ; un tronçon donné à Alban Broche, est utilisé par son gendre, M. Bayle, relieur. — Nous savons qu'autrefois à côté de cette colonne, on remarquait les fers crochus auxquels on suspendait les condamnés à la potence.

remplaça par les suivants, selon le bon plaisir du Roi, Jacques Desard, le s^r de la Ramière, Jacques Pelet et Jean Durand, et renvoya ces consuls par lui élus aux officiers royaux de Bagnols. Cette ordonnance est signée du camp de Bagnols le 9 septembre 1632 (1).

Ce fut seulement un mois après que l'on signa la capitulation : nous en donnons ici le texte.

— « Articles accordés par Mgr le Maréchal de la Force, général de l'armée du Roi, aux s^rs Comte de Saint-Remesy et de Vinezac, en remettant par eux, la ville et le château de Bagnols es-mains de mon dit seigneur le Maréchal de la Force, pour assurance de quoi ils bailleront otages dès ce jourd'hui 7 septembre 1632.

« Premièrement que lesdits s^rs de St-Remesy et de Vinezac auront la vie et liberté sauve, avec les capitaines, officiers et soldats de leurs régiments, comme de même les consuls et les habitants de la dite ville de Bagnols.

« Que les dits s^rs de St-Remesy et de Vinezac sortiront demain 8e jour de septembre à 10 heures du matin avec toutes leurs troupes et habitants qui les voudront suivre, en toute franchise et sûreté, avec armes, chevaux et bagages, tambours battants, bâle en bouche, mèche allumée et que tant les personnes que choses susdites seront conduites en lieu de sûreté, avec escortes suffisantes et logements, jusques, savoir, le dit Sr de Vinezac, en sa maison de Vinezac, où de là, en hors, tant lui que les capitaines, officiers et soldats de son dit

(1) Le camp était vers les terres de MM. Lignon, Combiu, dames Augier; là devait être, à cette époque, le camp des soldats ; on appelle encore ces terrains le *quartier*, et la montagne de France, qui avoisine, aurait, dit-on, été nommée ainsi parce que la tente du Maréchal y était établie.

régiment se puissent retirer chacun chez soi, ou
tel autre lieu que bon leur semble , étant dans
l'obéissance du roi, et, pour ce faire, Mgr le Maréchal donnera aux chefs passeports nécessaires,
excepté ceux de Bagnols qui voudront demeurer
dans la dite ville, lesquels seront, dans leurs maisons, avec la même sûreté que ledit s^r de Vinezac
dans la sienne.

« Et pour le particulier du dit Sr Comte de St-
Remezy, il se retirera dans une de ses maisons
avec sûreté durant huit jours qui lui ont été
accordés pour faire sa déclaration et en cas qu'il ne
la fasse dans le sus dit temps, il lui sera fourni
des passeports pour se retirer, lui douzième, à
cheval avec ses valets et ses mulets, où bon lui
semblera, et ledit passeport ne pourra lui servir
que pour autres huit jours, et les capitaines, officiers et soldats de son régiment qui voudront se
retirer dans leurs maisons ou places qui sont
dans l'obéissance de Sa Majesté le pourront faire
sans qu'ils puissent être recherchés.

« Et pour le regard du Sr de la Roque de Gasque,
il sera rétabli dans ses biens et maisons, lui four-
nissant passeport et logement à ce nécessaires
avec sûreté, sans être recherché du passé, tandis
qu'il demeurera en obéissance du roi.

« Que les maisons et biens ayant appartenu aux
feux S^r et dame de St-Brez seront conservés et
seront mis es-mains du S^r abbé de St-André , lequel
en répondra pour les garder au service du roi.

« Que le Sr de Vinezac et les capitaines et officiers
de son régiment, que autres compris dans la
présente capitulation auront leurs abolitions en
bonnes formes de Sa Majesté, ce que mon dit seigneur, le maréchal, leur promet d'obtenir de Sa

Majesté, et remettre es-mains du dit sieur de Vinezac ; comme s'il avait été donné aucune confiscation des biens des dits seigneurs de Saint-Remézy et de Vinezac, leurs capitaines et officiers, le tout sera révoqué et remis en leur premier état et seront réintégrés en leurs dits biens.

« Que la dite ville de Bagnols ne sera ni pillée ni rançonnée tant pour ceux qui sortent de la dite ville, que pour ceux de l'armée du roi, sous quel prétexte que ce soit, et que les consuls et habitants d'icelle auront, outre la vie saine, leurs abolitions de S. M. Ce que mon dit seigneur leur promet, comme à l'article ci-dessus qui a été accordé aux capitaines et aux officiers.

« Sera laissé de bonne foy par les dits sieurs toutes pièces d'artillerie et munitions de guerre, sans en rien divertir, hormis ce qu'ils emporteront sur eux pour la sûreté de leurs personnes.

« Caumont, La Force, St-Remezy, Vinezac ; par mon dit seigneur, Destanes, secrétaire, signé. »

Quelque précises que fussent les stipulations de la convention qu'on vient de lire, tous les articles ne furent point rigoureusement observés, car notre chroniqueur nous le dit : « à la date du 9 le maréchal de la Force part pour Beaucaire : Il avait logé à la maison de feu M. d'Augier (où était déjà descendu Montmorency). Le même jour, arrivèrent 8 compagnies du régiment des gardes du Roi ; on en plaça 6 à Laudun et 2 à Orsan. Ici, ils étaient logés dans les maisons par 6 ou 7 ; c'était une pitié d'entendre les gémissement des pauvres gens, car tous étaient à la discrétion des soldats. »

Cependant les chefs apprenant l'arrivée prochaine de Louis XIII, durent vouloir réprimer ces désordres, puisque quatre jours après « il fut fait

un ban par M^r le duc d'Epernon, général de l'infanterie française, qu'il n'y eût aucun soldat de prendre
rien à son hôte sans payer, sinon les ustensiles. Ce
qui fut un grand soulagement aux pauvres gens. Le
même jour, sur le soir, arriva les chariots qui portaient le bagage du régiment avec 40 ou 50 mousquetons et le reste alla par eau. »

Le 15 septembre, le Roi alla au Saint-Esprit sur les
quatre heures du soir, avec la Reine et le Cardinal.
« Le même jour on envoya de Bagnols deux compagnies pour s'aller mettre en garde au St-Esprit. »
Bientôt les compagnies du régiment des gardes, qui
le précèdent partent pour Pouzillac, Valliguières et
autres localités voisines. Enfin Louis XIII est reparti;
il descend la côte de Roquebrune. Dès le matin, on
avait fait publier par les rues que tous les hommes,
les femmes et les enfants eussent à sortir de la ville
et aller au devant du Roi et lui demander pardon.

La population toute entière obéit, on se laissa
entraîner par l'enthousiasme, ou par la crainte, ou
par un repentir sincère. Les Consuls et les habitants
allèrent jusqu'au Pont, du côté de la Ville ; là ils
attendirent. Dès que les carrosses du Roi arrivèrent,
le docteur André de Bruneau (1) vint le haranguer. Il
fit de vains efforts pour attendrir le cœur du monarque offensé.

Les larmes étouffaient les paroles que l'orateur
termina en criant : Vive le roi et miséricorde ! —
Aussitôt tout le monde se prosterna aux pieds du
Roi. La foule était immense et, sur le chemin et sur
les terres voisines, tous s'écriaient en sanglotant :
miséricorde ! miséricorde !

(1) C'est à tort que Ménard (*Hist. de Nimes*) dit : André Bré-
meau : c'est Bruneau qu'il faut lire ; ses descendants sont les
Bruneau de Saint-Auban, Bagnols, Saint-Gervais, Paris. — (V.
Bagnols en 1787 et *Notices Biographiques du Gard*, t. I, p. 181).

Le roi parut touché de ce spectacle attendrissant, il releva Bruneau avec bonté. — « Je vous pardonne, dit-il, mais pour vos murailles ne m'en parlez point. »

Le train royal veut se mettre en marche, la foule s'empresse, et au milieu des Bagnolais émus et reconnaissants, les carrosses s'avancent lentement vers la ville. Le Roi passe devant la porte de Bourgneuf, suivi par le peuple qui ne cesse de l'acclamer, et prend vers les peyrières la route de Tresques où il alla coucher au château.

Nos compatriotes d'alors, vasseaux de l'infortuné duc de Montmorency, avaient déjà appris le désastre de Castelnaudary et pour en relier le narré avec ce qui précède, reprenons le récit des événements qui se rattachent au noble seigneur.

« L'armée de Schomberg, dit Pontis (1) — 6.500 hommes — marcha vers Castelnaudary, qui tenait pour le roi. Celle de Monsieur et du duc — 13.000 — était à trois lieues des ennemis. » Chacun voyait que Montmorency était pressé de faire prendre un engagement à Gaston d'Orléans, afin de prévenir sa retraite. Mais, dans son impatience, il commit la faute de donner dans une embuscade que lui tendit Schomberg. Surpris par le bruit d'une mousquetade, et n'étant pas complètement armé, le duc s'élance en avant, franchit un fossé, sous une pluie de balles, et se précipite tête baissée n'ayant plus de gentilshommes à ses côtés. Il se fit jour avec son épée, rompit six rangs de soldats et tua des hommes au septième. Il vit enfin qu'il était seul et tenta de revenir vers les siens quand son petit cheval barbe s'abattit...

(1) *Mémoires du sieur de Pontis*, qui a servi dans les armées 56 ans, sous les rois Henri IV, Louis XIII et Louis XIV. — Paris, 1766, t. II, p. 68 et suiv.

Accablé sous le poids de ses armes, perdant son sang, il ne put se relever. De Pontis qui, en témoin actif, parle de la bataille dit : « Nous ne pûmes le tirer du fossé, où sa cuisse était engagée sous son cheval mort. Le pauvre seigneur était tout couvert de sang et presque étouffé par celui qui sortait de sa bouche. On le débarassa de sa cuirasse et de son collet de buffle qui était percé de coups. »

Alors le marquis de Brézé, beau-frère de Richelieu, s'approcha et fit signe aux soldats de s'assurer de la capture. On l'emmena prisonnier sous la tente de Schomberg et l'on raconte qu'au moment où les soldats le portaient, M. de Bellière, intendant de l'armée royale, et les gentilshommes qui marchaient tristement à ses côtés, aperçurent à son bras un bracelet de diamant où se trouvait le portrait d'Anne d'Autriche. Ils cherchèrent, mais en vain, à soustraire cette dangereuse image aux espions de Richelieu (1).

Le Duc de Montmorency avait reçu dix-sept blessures, il lui restait cinq balles dans le corps, un coup de feu lui avait traversé la gorge : il ne semblait pas qu'il pût survivre. Il se confessa pieusement à l'aumônier de Schomberg, et fut emmené à Castelnaudary (2). On l'y porta sur une échelle recouverte de manteaux. Les soldats qui le portaient baissaient la tête et cachaient leurs larmes. Quand il entra dans la ville, les bourgeois se précipitaient à sa rencontre. en lui criant qu'il était leur gouverneur et qu'ils n'obéiraient qu'à lui. Les consuls se présentaient pour prendre ses ordres, mais affaibli comme il l'était, il perdait connaissance à tout moment.

(1) Anne d'Autriche était la Reine femme de Louis XIII. (*Vittorio Siri, Memorie recondite*, Liv. VII.

(2) Amédée Renée, *Madame de Montmorency*. — p. 155.

On dit que Gaston apprenant le malheur du noble duc qui avait embrassé sa défense, en parut si peu affecté qu'il s'était mis à siffler tranquillement en disant : « tout est perdu. » Ce trait peint l'homme ou plutôt le lâche, le misérable prince qui entra bientôt en accomodement et fit sa paix avec le dominateur suprême et du royaume et de la cour.

Tous les grands seigneurs français déplorèrent la malheureuse issue de la révolte du duc : ils intervinrent pour demander la grâce de l'illustre coupable. Le vieux duc d'Épernon vint à Toulouse se jeter aux pieds du Roi; les gouvernements étrangers, Charles Ier d'Angleterre, la République de Venise, le Duc de Savoie, plusieurs évêques, le pape Urbain VIII même... personne ne put fléchir l'implacable cardinal. Richelieu avait, au conseil du roi, demandé que l'on agît avec rigueur envers un homme aussi considérable par ses alliances. Le Roi adopta les conclusions de son ministre : « Je veux, dit-il, intimider tous les grands du royaume par la punition du plus puissant de tous les rebelles. »

Montmorency faisait ombrage au Cardinal ministre lequel lui enviait son nom, sa gloire, l'estime des hommes et ses succès sous toutes les formes.

Il se vengea lui-même, bien plus qu'il ne vengea l'État. De la forteresse de Lectoure où il était tenu prisonnier, Montmorency fut amené à Toulouse. Il traversa les rues, les yeux bandés, au milieu d'une double haie de soldats. Louis XIII se trouvait déjà dans la ville. Le 29 octobre, le comte de Charlus conduisit l'accusé au Capitole devant le tribunal constitué. Châteauneuf, le garde des sceaux qui le présidait, avait été page chez le connétable, père du duc Henri II. On fit asseoir le maréchal sur une sellette haute,sans avoir les pieds liés,contrairement à l'usage du Parlement de Toulouse. Les juges étaient profondément émus, l'interrogatoire ne dura qu'un quart d'heure, et le Duc se retira.

Pontis (1) rapporte que « pendant qu'on était aux opinions, un des commissaires forma le premier l'avis de mort, et on remarqua qu'en finissant il avait les larmes aux yeux. Toute la compagnie ayant ôté le bonnet, sans dire un seul mot, M. le Garde des sceaux conclut de même, fit dresser et signer l'arrêt avant que de sortir du Palais. »

Montmorency prévoyait le sort qui l'attendait. A peine rentré dans sa chambre, il écrivit plusieurs lettres, et voici les dernières lignes de celle adressée à sa femme :

« Mon cher cœur, je vous dis le dernier adieu avec une affection pareille à celle qui a toujours esté parmy nous. Je vous conjure, pour le repos de mon âme, que j'espère être bientôt au Ciel, de modérer vos ressentiments et de recevoir de la main de notre doux Sauveur cette affliction. Je reçois tant de grâces de sa bonté, que vous devez avoir tout sujet de consolation. Adieu encore une fois, mon cher cœur, adieu. »

Il distribua ensuite ses objets d'art à ses amis ; il fit don au Cardinal lui-même d'un tableau de sa galerie,*Le Martyre de Saint-Sébastien* et des statues célèbres,*Les Captifs* de Michel Ange (2).

Mais l'infortuné songeait sérieusement au salut de son âme. Dès ce moment,son confesseur ne le quitta

(1) Pontis, *loc. cit.*,p. 90.

(2) Ces statues étaient au château d'Ecouen, dans la vallée de Montmorency, près Paris. Jean Goujon, Jean Cousin, Bernard de Palissy et autres illustres maîtres de la Renaissance avaient fait de cette résidence princière un véritable musée,

plus. Le duc, dit-on, demanda à mourir à l'heure que Jésus-Christ était mort ; son chirurgien se présenta pour panser ses blessures : « L'heure est venue, lui dit-il, de guérir toutes les plaies par une seule. » Il prit les ciseaux des mains du chirurgien, coupa lui-même sa longue moustache et la donna à brûler au religieux, comme un reste des vanités de la terre.

« C'était le 30 octobre sur le midi, dit Pontis, le duc descendit à la chapelle, se mit à genoux au pied de l'autel et ayant les yeux sur son crucifix. Il ouït prononcer son arrêt; s'étant ensuite levé, il dit à ceux qui étaient présents : Priez Dieu, messieurs, qu'il me fasse la grâce de souffrir chrétiennement l'exécution de ce qu'on vient de lire. »

Mais pendant que le duc était en prière, il se passait à la cour une scène déchirante.

Charlus rapporta au roi le bâton de maréchal et le cordon de l'ordre du Saint-Esprit. Louis XIII jouait en ce moment aux échecs avec le lieutenant des gardes, Liancourt (1).

Le noble comte voulut faire une dernière tentative ; il se jeta aux pieds du Roi et le supplia de pardonner. Toutes les personnes présentes implorèrent la grâce du Duc. Le maréchal de Châtillon fit un tableau touchant de la tristesse du pauvre peuple qui implorait la clémence du monarque courroucé.

« Il n'y a point de grâce, dit Louis XIII, il faut qu'il meure. »

Dans la ville, l'agitation était à son comble. Le peuple se réunissait dans les églises et priait avec ferveur. Le cardinal de la Valette donnait l'exemple.

---

(1) *Histoire de Louis XIII,* p. Levasseur, t. IV, p. 201.

Les pénitents bleus faisaient une procession à laquelle toutes les personnes de qualité voulurent assister et communier à l'intention de M. de Montmorency, dont ils demandaient la vie à Dieu. On dit même que des manifestations énergiques étaient imminentes, puisque, les étudiants ayant juré d'enlever le duc de l'échafaud (1), cette menace motiva la rentrée d'un renfort de troupes dans Toulouse.

L'heure fatale approchait. L'échafaud était dressé dans la cour étroite du Capitole. En face d'une statue de Henri IV que le Maréchal duc contempla avec émotion : « c'était un grand et généreux prince, dit-il, j'avais l'honneur d'être son filleul. » (1)

Cependant encore une fois le lieutenant des gardes prit sur lui de se rendre au palais, afin de tenter un dernier recours. Pendant ce temps, le Maréchal, assis sur un banc de la cour, s'entretint avec son confesseur (2). Il disait être «aussi satisfait que s'il allait au bal, au festin ou à la bataille. »

Les assistants restèrent dans une horrible anxiété jusqu'à l'arrivée du messager, dont le visage annonça l'insuccès de la démarche.

Le Duc nu, en caleçon et en chemise, avait traversé, au milieu des gardes qui le saluèrent au passage, une allée qui conduisait dans la cour de l'Hôtel-de-Ville, à l'entrée de laquelle était l'échafaud. Là se trouvaient le greffier du Parlement, le Grand Prévôt, les archers et les officiers du corps de la ville. Il les pria de vouloir bien témoigner au roi qu'il mourait son très humble sujet et avec un regret

(1) *Histoire de la Maison de Montmorency*, par Desormeaux, t. III, p. 433 et suiv.

(2) Un jésuite, le Père Armand. — Lire *Dict. Hist.* (Caen, t. VI, p. 229.

extrême de l'avoir offensé , dont il lui demandait pardon. Il s'informa où était l'exécuteur qui ne
l'avait point encore approché et ne voulant plus
souffrir, par humilité,que son chirurgien le touchât ,
mais s'abandonnant entre les mains du bourreau,
afin qu'il l'ajustât, qu'il le liât, qu'il le bandât.et qu'il
lui coupât encore les cheveux qui ne l'étaient pas
assez, il dit, avec un profond sentiment d'humilité,
qu'un grand pécheur comme lui ne pouvait mourir
avec assez d'infamie. Enfin il se mit à genoux
proche le billot sur lequel il posa son cou en se
recommandant à Dieu, et l'exécuteur à l'instant lui
coupa la tête, chacun ayant détourné les yeux, tous
fondant en larmes et les gardes même jetant les plus
profonds soupirs (1).

« Après l'exécution, ajoute Pontis, le grand Prévôt ayant fait ouvrir les portes, tout le peuple entra
en foule,avec un empressement incroyable,pour voir
le corps. Leur douleur et la vénération qu'ils avaient
pour la personne du grand duc de Montmorency
étaient telles que,ne pouvant se consoler d'une autre
manière de la perte qu'ils avaient faite,ils s'étouffaient
presque les uns les autres, pour pouvoir au moins
approcher de l'échafaud et recueillir le sang répandu
qu'ils mettaient dans leurs mouchoirs.Quelques-uns
même se portèrent jusqu'à cet excès, que d'en
boire,et tous généralement fondaient en larmes. (2) »

« Ainsi mourut Henri de Montmorency, duc et

(1) Le duc de Montmorency ne fut point décapité par la hache
mais par une sorte de cimeterre légèrement courbé. Cette arme
est conservée au Capitole de Toulouse dans une gaine de maroquin
garnie de velours

(2) Le peuple s'arracha les pierres teintes de sang et les garda
comme des reliques ; on vit les soldats.par une superstition parti-
culière et touchante, tremper leurs épées dans ce sang fumant
encore.

pair, maréchal et autrefois amiral de France, gouverneur du Languedoc, petit-fils de quatre connétables et de six maréchaux, premier chrétien et premier baron de France, beau-frère du premier prince du sang et oncle du fameux prince de Condé, après avoir gagné deux batailles, l'une navale contre les hérétiques, par laquelle il disposa la prise de la Rochelle ; et l'autre sur terre, contre l'empire, l'Italie et l'Espagne, par laquelle il força les Alpes et disposa la délivrance de Cazal, qui toutes deux ont contribué à cette grande gloire qui a élevé le roi de France au-dessus de tous les princes d'Europe » (1).

Son supplice parut moins inique que celui de tant d'autres que le Cardinal de Richelieu sacrifiait à son ambition et à sa vengeance.

Après l'exécution du duc de Montmorency, Marie Félice des Ursins, accablée de douleurs, songea à se retirer du monde et à s'ensevelir dans le couvent de Sainte-Marie, à Moulins (2). En traversant Lyon, elle avait espoir de visiter la bienheureuse Mère de Chantal qui se trouvait à la maison de Belle-Cour ; mais le frère de Richelieu était alors archevêque de cette grande cité et il s'opposa à cette innocente entrevue. Il était dit qu'une haine implacable poursuivrait encore la Duchesse. A peine arrivée au lieu de sa retraite, elle fut emprisonnée au château, elle dut y séjourner pendant deux ans, car la politique soupçonneuse du Cardinal craignait, dans le Languedoc, l'influence de la veuve du Gouverneur.

Celle-ci cependant, pieuse et résignée, n'aspirait qu'à quitter le monde et à vivre en paix avec les sœurs de Saint-François de Sales.

(1) Pontis, t. II, p. 25.

(2) En passant à Moulins, je me suis arrêté pour voir pieusement le tombeau de la noble duchesse.

La veuve *Inconsolable* comme on l'appelait avec respect, voulut se vouer à la vie religieuse;au milieu de la vénération de tout le monde, elle était humble à l'égal d'une sainte;une piété sincère ayant triomphé de son hésitation, elle congédia sa maison et prit enfin l'habit de bure. Elle s'installa en effet dans le couvent, et c'est là que vinrent la visiter, en sa modeste cellule, Gaston d'Orléans, un envoyé de Louis XIII, Anne d'Autriche, la veuve de Charles Ier, Christine de Suède (1), la célèbre duchesse de Longueville, et jusqu'à Louis XIV avec son jeune frère. Mme de Chantal,avec qui elle était étroitement liée, se rendit à Moulins.

Mais bientôt un mal subit vint l'enlever à ses filles dévouées et ce fut après des confidences intimes et entre les bras de son amie de cœur qu'elle rendit le dernier soupir.

La duchesse avait voulu élever dans la chapelle du couvent un somptueux mausolée, à la mémoire de son époux; les plus habiles artistes de Paris se chargèrent des travaux de sculpture et le monument est resté célèbre dans l'histoire de l'art (2).

Pourquoi ne dirions-nous pas en terminant, que l'influence de cette femme distinguée s'exerçait autour d'elle, en France et jusqu'en Italie où la noble veuve voulut en user afin d'obtenir la canonisation de saint François de Sales et la béatification de Françoise de Chantal, fondateur et fondatrice de

---

(1) Christine de Suède est remarquable par ses nobles pensées. « Etre sobre n'est pas une grande vertu ; mais c'est un grand défaut de ne l'être pas. »

(2) Le plus célèbre des artistes était François d'Augier, originaire de Normandie. Il fut assisté dans ce travail par Thomas Renoudin et Thibaut Paissant. Le mausolée est en marbre noir : il est orné de 20 statues en marbre blanc.

L'an 1674, Cotolendi, publie la vie de la bienheureuse Marie-Henriette.

l'ordre de la Visitation. A cause de ses vertus, de ses qualités précieuses plus encore que pour le grand nom qu'elle avait porté dans le monde, la communauté la choisit pour supérieure. Mais un an après, cette, sainte femme rendit son âme à Dieu, le 5 juin 1666.

Sa devise était ces paroles du prophète Roi :

Elegi abjecta esse in domo Dei mei magis quam habitare in tabernaculis peccatorum.

Les Montmorency, avant l'an 1000, s'appelaient Bouchard. Montmorency est une petite ville du département de Seine-et-Oise. En 1551, le Roi Henri II fit d'Anne, Baron de Montmorency, connétable et grand maître de France, un duc et pair (*Le père Anselme* p. 552, t. III).

— Le nom de Damville donné aux Montmorency date de Guillaume de Montmorency, d'Ecouen, de Chantilly... il vient sans doute de sa femme Anne Pot, sœur unique et héritière de René Pot, seigneur de la Rochepot, de Damville, échanson ordinaire du Roi et sénéchal de Beaucaire, mort sans enfants.

HENRI II DE BOURBON, PRINCE DE CONDÉ

(1588-1646).

Henri de Bourbon II, prince de Condé (1), premier prince du sang, duc d'Enghien, de Chatcauroux, de Montmorency, d'Albert et de Bellegarde, chevalier des ordres du roi, gouverneur de Bourgo-

______
(1) Condé, branche collatérale de la maison de Bourbon. Le premier prince de Condé fut Louis, dernier fils de Charles Ier, duc de Vendôme, et frère cadet d'Antoine, roi de Navarre.

gne, de Bresse et de Berry, naquit posthume à Saint-Jean d'Angély, le 1ᵉʳ Septembre 1588.

A peine était-il entré dans sa huitième année que le roi Henri IV ordonna de l'amener à Saint-Germain-en-Laye, et le parlement reçut, le 20 novembre 1595, une lettre de cachet, donnée au camp de la Fère, portant ordre « d'aller en cors par députez » à Saint-Germain, saluer ce prince, en qualité de premier prince du sang et héritier présomptif de la couronne.

Peu après, le Roi le combla de titres. Il fut honoré de l'ordre du Saint-Esprit, distinction qui lui avait été accordée pour avoir représenté le duc de Bourgogne, au sacre de Louis XIII.

Henri de Bourbon-Condé était au comble de ses vœux ; il avait, depuis le 3 mars 1609, épousé une jeune fille d'une rare beauté, Charlotte de. Montmorency, la plus belle princesse de l'entourage de Marie de Médicis. On rapporte que ses charmes frappèrent tellement Henri IV qu'il ne put dissimuler son penchant et excita la jalousie de Condé. L'époux disparut emmenant sa femme à Bruxelles, à la cour d'Espagne. De là, il passa en Italie d'où il ne revint qu'après la mort du roi. Il se brouilla avec la Reine régente, Marie de Médicis, et se raccommoda bientôt après.

C'était toujours le même homme intrigant et ambitieux pour troubler le pays. Deux ans après, le traité de Sainte-Menehould termina cette période de révolte sans gloire.

La reine le fit arrêter et ordonna de l'enfermer à la Bastille, en 1616, où il resta trois ans, perdant là et son énergie et ses allures de chef de parti.

On dit qu'à cette occasion sa compagne donna un démenti formel à la malveillance. Entièrement dévouée, elle s'enferma avec lui et adoucit les mauvais jours de sa captivité.

Bientôt il employa contre les Huguenots un zèle furieux. En 1621, dans le Berry, il s'empara de Sancerre, suivit le roi aux sièges de Royan, Bergerac. Croyant se rendre à tout jamais célèbre, il entreprend le siège de Montpellier. La campagne fut malheureuse ; Condé, plus brave qu'habile, dirigea mal l'attaque. Humilié de son insuccès, il refusa la paix que Rohan voulait traiter, se rendit à Rome et resta en disgrâce auprès de Louis XIII. Cependant, à force de soumission à Richelieu, il obtint, en 1627, de lever une armée contre les protestants.

Ce fut vers 1633 qu'il hérita de la Baronnie de Bagnols. La contrée était loin d'avoir de l'attrait pour le nouveau seigneur. Les souvenirs des guerres religieuses apparaissaient vivants et enracinés, aussi Henri chercha-t-il à satisfaire son penchant inné pour les opérations belliqueuses. Il batailla en Bourgogne, en Franche Comté et en Picardie. Envoyé en Catalogne, en 1638, il avait eu quelques succès, lorsque devant Fontarabie, l'Amiral de Castille contraignit l'armée de s'embarquer. Henri de Bourbon resta en Guyenne gouverneur de la province. En 1641, il prit la ville et le château de Salse et Elne, en Roussillon. Ce prince dut ses commandements à la faveur de Richelieu plus qu'à son mérite. Après la mort de Louis XIII, en 1643, il fut établi chef du conseil de la Régence, pendant la minorité de Louis XIV ; de sa gestion, chacun le combla d'éloges, car, grâce à lui, on put éviter les troubles et les divisions.

Il mourut le 26 décembre 1646 (1). « Son plus grand titre à la gloire, a dit Voltaire, fut d'avoir donné le jour au Grand Condé. »

M. de Rohan, dans ses Mémoires, livre ı, dit que ce prince était « un bon esprit, vif, entreprenant, ménager et grand politique (2). »

Le prince de Condé, que ses contemporains appelaient l'avare et le lâche, avait reçu, comme gracieux don royal l'héritage de son beau-frère Henri de Montmorency (3). Nous avons parlé de sa convoitise révoltante à l'égard de ce que possédait la veuve infortunée du supplicié de Toulouse. Il ne dut traverser sa terre de Bagnols qu'en allant dans le Midi guerroyer avec les protestants. Nous n'avons pu suivre ses traces sur le sol Bagnolais; ses successeurs seront plus actifs. Henri II, de Bourbon-Condé, laissa plusieurs enfants; le cinquième, Armand, prince de Conti, lui succéda à la Baronnie de Bagnols.

---

(1) Amédée Renée. — *Les Princes Militaires de la Maison de France*. Paris, Amyot, p. 356. — Le Père Anselme, *Histoire Générale de la Maison de France*, T. I, p. 336.

(2) Jean de la Barde. — *De rebus gallicis*, p. 243.

(3) Le Père Anselme, T. 3, p. 562. — Commission du Roi pour vérifier et juger les dettes des créanciers du feu duc de Montmorency (Paris, 2 mars 1633).

Lettres patentes portant don des biens confisqués sur Henri de Montmorency, par arrêt du parlement de Toulouse du 20 octobre 1632, à Charlotte de Montmorency, épouse de Charles de Valois, duc d'Angoulème ; Marguerite de Montmorency, épouse d'Anne de Lévis, duc de Ventadour et à Charlotte-Marguerite de Montmorency, épouse d'Henri de Bourbon, prince de Condé, exceptés la seigneurie de Chantilly et le comté de Dammartin, etc., Paris, mars 1633. Registrés au Parlement le 9 et en la chambre des comptes le 11 du même mois, 6 vol. des ordonnances de Louis XIII, cotté 3. E. fol. 115, Merc. France, T. page 978.

4

ARMAND DE BOURBON, PRINCE DE CONTI

(1629-1666).

Armes : *de France au bâton de gueules péri en bande à la bordure de gueules.*

La petite ville de Conti, située en Picardie à quelques lieues d'Amiens, était entrée dans la maison de Condé, par le mariage d'Eléonore de Roye, dame de Conti avec le premier prince de Condé. Le second fils d'Henri de Bourbon, dont nous venons de retracer la vie, forma la branche des Conti ; il hérita de la seigneurie de Bagnols. Né le 11 octobre 1629, il n'avait que trois ans à la mort de son oncle, l'infortuné duc de Montmorency. Sa famille et particulièrement son parrain, Armand, cardinal de Richelieu le destinait à l'Eglise. Il fut pourvu en conséquence de riches abbayes, Saint-Denis, Clichy, Lérins, et se livra avec succès aux études théologiques. On dit qu'il était contrefait, mais qu'il avait une belle figure, l'esprit du monde et le don de plaire.

Vers 1650, la France, l'Europe entière retentissaient du bruit des exploits de son frère, le Grand Condé. Armand devint jaloux de la gloire bien légitime du vainqueur de Rocroy, de Fribourg, de Nordlingen et de Lens. On le vit, en 1654, quitter ses riches abbayes parce qu'il avait déjà pris la carrière des armes.

La jalousie et d'autres influences particulièrement celle de sa sœur qui épousa Henri d'Orléans, duc de Longueville (1), ayant entraîné son caractère mobile, le jetèrent dans la Fronde, dont il fut généralissime, « la Fronde, cet épisode bouffon, après la grande guerre avec l'Autriche (2). »

Son frère combattait, en ce moment, pour la régente et pour Mazarin. Leur hostilité fut de peu de durée, Condé quitta bientôt la Reine et le Cardinal, et les deux frères arrêtés ensemble, avaient été enfermés à Vincennes et au Hâvre (1650).

Rendus à la liberté, les deux frères suivirent une route toute opposée. Condé abandonna le gouvernement de Guyenne, se mit à la tête d'une nouvelle Fronde, entama des négociations avec l'Espagne et Cromwel. Il battait les troupes royales.

Quant à Armand de Conti, il épousa la nièce de Mazarin, et obtint le commandement de l'armée de Catalogne. Il défit les Espagnols et s'empara de Puycerda et de la Cerdagne (1655).

En 1656, il était, par le roi, pourvu de la charge de grand maître de sa maison.

Sa campagne d'Italie ne fut point heureuse ;

(1) Anne Geneviève de Bourbon était belle et avait l'esprit distingué, ardente, impétueuse, née pour l'intrigue et la faction, elle avait tâché de soulever Paris et la Normandie. Se servant de l'ascendant que ses charmes lui donnèrent sur le maréchal de Turenne, elle l'avait engagé à faire révolter l'armée qu'il commandait. Le cardinal de Retz a dit d'elle : « d'héroïne d'un grand parti, elle en devint l'aventurière. » Bientôt occupée de batailler pour les princes ou pour les poètes — car elle s'était lancée dans la polémique littéraire — Madame de Longueville, fatiguée de combattre, voulut se retirer dans un monastère ; elle choisit un couvent de Moulins, où elle attendit la mort de son mari (1663). Après, elle quitta la cour pour se livrer entièrement au calme de la retraite et aux austérités de la pénitence. Madame de Longueville mourut, en 1689, dans le couvent des Carmélites de la rue Saint-Jacques, à Paris. Villefort a donné sa *Vie*, Amsterdam 1739. 2 vol. petit in-8°. Cousin, *Madame de Longueville*, Paris, 1853, 1 vol. in-8°.

(2) *Mémoires du Cardinal de Retz*: lire ce qu'il dit de la physionomie de cette guerre d'intrigue et de galanterie. Amédée Renée, *loc.-cit.* p. 367.

devant Alexandrie, pendant trente-trois jours de tranchée ouverte, les maladies et le manque de vivres décimèrent son armée. L'armée espagnole interceptait les convois. Conti leva le siège, mais réussit néanmoins à sauver les équipages et les canons. On assure qu'il fut un des princes qui accompagnèrent le roi et la reine, à leur magnifique entrée à Paris, le 26 août 1660.

En 1662, il était gouverneur du Languedoc ; après qu'il se fut démis de ses droits sur la Guyenne, le roi nomma à sa place le duc d'Epernon. Armand remit aussi sa charge de grand-maître en faveur du duc d'Enghien, son neveu. Il fut nommé chevalier des ordres du roi (Novembre 1661).

Ce prince, détrompé du monde et ne pensant depuis longtemps qu'à son salut, se retira aussitôt après dans son gouvernement du Languedoc, où il passa les dernières années de sa vie dans des exercices continuels de piété et de charité ; sa vertueuse épouse, Anne-Marie Martinozzi, lui inspira de grands sentiments de religion. C'est dans le souvenir et le regret du passé, dans la confiance en l'éternelle miséricorde qu'il rendit son âme à Dieu, le 1ᵉʳ février 1666. Il était alors à Pézenas.

Armand de Conti a publié plusieurs œuvres littéraires, un *Traité de la Comédie et des spectacles, selon les traditions de l'Eglise*, dont Joseph de Voisin, prédicateur et aumônier du prince, écrivit la *Défense* contre l'abbé d'Aubignac qui avait attaqué cet écrit. On dit que Armand de Bourbon n'avait pas, sur ce sujet, pensé toujours de même.

Vers 1654, Molière, avec sa troupe, jouait l'*Etourdi* au théâtre de Béziers, alors que, dans la même ville, Armand de Conti tenait les Etats de la Province du Languedoc. Ces deux personnages s'étaient connus au collège et ne devaient point s'oublier. Le prince reçut l'Aristophane français comme un ami. Il lui offrit même une place de secrétaire, que Molière refusa par un mot plein de déférence modeste : « Je suis un auteur passable et je serais, peut-être, un mauvais secrétaire. »

Nous avons encore du prince de Conti : « *Les devoirs des gouverneurs de Provinces* » et « *Les devoirs des Grands.* »

Ce dernier ouvrage fort estimé, adressé aux classes dirigeantes du xvii°siècle, est trop peu connu. Il ne saurait être assez lu par ceux que leur naissance et leur fortune élèvent à un rang supérieur, et qui cherchent à remplir les obligations de leur état. (Père Anselme, T. I. p. 345).

Un moraliste de nos jours M. Ch. de Ribbe (*Les familles*) cite quelques lignes qui font apprécier l'élévation et la noblesse des sentiments de ce prince illustre. Il y a là une grande leçon.

« Au xvii° siècle, dit M. de Ribbe, on verra un prince du sang, Armand de Bourbon, prince de Conti *se reprocher de s'être trouvé, en sa jeunesse, dans une guerre injuste, pendant laquelle il a toléré, ordonné et autorisé des violences et des désordres,* et réduire les dépenses de sa maison pour indemniser les communes et les particuliers qui ont souffert par son fait, en Guyenne, en Saintonge, en Champagne, dans le Berry. Il ne se bornera pas là, car, par son testament du 24 mai 1664, il chargera ses héritiers d'achever ces restitutions, jusqu'à ce que les dommages causés par lui aient été réparés.»

Armand de Bourbon mourut en 1666 ; remontons deux années plus haut, en 1664. — Nous avons vu que le prince de Conti était, au déclin de sa vie, revenu à des sentiments pieux, c'était le temps de

racheter des erreurs qu'il ne pouvait se pardonner.
Et pour cela il se voua aux bonnes œuvres (1). Une
.entre autres le captiva ; ses goûts littéraires se portaient vers les écoles, il fonda des collèges. Bagnols
bénéficia un des premiers des effets de ce retour à
des sentiments plus chrétiens.

A l'Isle-Adam, à peu de distance de Paris, les
Conti avaient une résidence princière. Depuis 1660,
Armand avait attiré dans cette localité, dont il était
le seigneur, les prêtres missionnaires de Saint-
Joseph de Lyon (2) ; il leur concéda les chapelles du
château. Pareille fondation avait été faite vers la
même époque, non loin, de la Cèze, à Rivière de
Teyrargues , et à Bagnols, où, cent vingt ans plus
tard, un collège fut bâti.

Les pères Joséphites instruisaient la jeunesse :
nous avons sous les yeux le brevet (3) que signa le

(1) « Ce prince, dit Massillon, dont la pénitence édifiait l'Eglise
et honorait la religion. »

(2)Voir plus loin la notice sur François de Bourbon.

(3) *Copie du Brevet* — « Aujourd'hui IV d'aoust 1662,S. A. S.
monseigneur le prince de Conti, estant à Villeneuve d'Avignon,
voulant donner à la communauté des presbtres de Saint-Joseph de
Lyon,establls dans la dite ville de Baignols, des marques de la
satisfaction qu'il a des soins qu'ils prennent à la conversion des
âmes de la dite ville, et des services qu'ils y rendent, par leurs
prédications et enseignements journaliers, et désirant contribuer
de tout son pouvoir et autorité, à les maintenir dans la dite ville, à
leur donner moyen d'y pouvoir subsister, avec toutes les commo-
ditéz qu'il pourra procurer à la dite communauté, leur a donné et
fait don, par ce brevet, de la place du château démoli, qu'il a
dans la ville de Bagnols, avec toutes les dépendances, facultéz et
appartenances quelconque, en quoi que le tout puisse consister,
pour en user et jouir a f. t. .... de la mesme manière, tout ainsy,
que luy et ses prédécesseurs,barons de Bagnols dont il a droict et
cause, ont toujours jouy jusques à ce jourd'huy, pour s'en servir, a
l'employer aux usages que la dite communauté, des Prestres de
Saint-Joseph, de Lyon, establie à Bagnols, jugerra à propos, à
condition toutefois de ne point aliéner la dite place, mais quelle
demeurera toujours à la dite communauté pour s'en servir a tels
usages quelle advisera bon.... et qu'en cas que la dite communauté
cessat, et se séparat, la dite place, dont nous lui avons faict
don, par ce brevet, sera reuni à notre domaine, en payant pour un
préalable, les réparations utiles, qui auront esté faictes se réser-

prince de Conti, le 4 août 1662. Il cédait à la congrégation un terrain sur lequel avait été construit le château démoli en 1633 par Louis XIII. Le prince laissait aux pères enseignants le soin de bâtir un collège. Ce vœu ne fut réalisé qu'en 1783 par Louis de Bourbon, le dernier des Conti, arrière-petit-fils d'Armand.

LOUIS ARMAND DE BOURBON, PRINCE DE CONTI

(1661-1685)

Armes : d'or à la croix de gueule cantonnée de seize alerions d'azur.

Depuis la mort d'Armand, 1666, la baronnie de Bagnols devait appartenir à son fils aîné, Louis-Armand de Conti. Cependant il n'avait alors que 5 ans. Le jeune prince n'a vécu que jusqu'à 1685. Pendant ces 19 ans, il a eu une vie accidentée que nous allons conter brièvement.

Louis-Armand de Bourbon, prince de Conti, pair de France, comte de Pézenas, châtelain de l'Isle-Adam, naquit à Paris, le 4 avril 1661. Il avait de son

vant tant...... S. A. S. la dire..... la seigneurie sur la dite Place, droits de.... protection et encore advantages, à l'hommage..... de fidélité de dix ans en dix ans. Mandant S. A. S. Monseigneur aux officiers de justice et consciler de la ville de Bagnols, de f. enregistrer le prt brevet et don partout ou besoin sera pour valoir et servir à la dite communauté, ainsy qu'il appartiendra. M'ayant la dite Altesse monseigneur, pour marque de sa volonté, commandé de lui en expédier le présent brevet, qu'il a voulu signer de sa main et faire contresigner par moi, cou... et secr... ordinaire de ses commandements. »

ARMAND DE BOURBON
par Monseigneur
DECHANAY.

(Origine : Bibliothèque de Bagnols, Fonds, L. A. n° 7).

père, tout à la fois, les défauts, les qualités brillantes et les passions. On rapporte qu'il mena une existence désordonnée. Par imitation des princes de sa famille, Louis-Armand voulut faire campagne ; mais sur le refus du roi, il entraîna son frère et quelques princes ou jeunes seigneurs, tous s'enrôlèrent dans l'armée impériale et se comportèrent avec éclat dans les batailles, dans les sièges et les expéditions. Il était aux sièges de Courtray et de Dixmude ; il se distingua à celui de Luxembourg en 1684, et donna des marques de sa valeur, de sa sagesse et de sa bonne conduite au siège de Newhausel, en Hongrie, Rentré en grâce à la cour, il mourut, de la petite vérole, à Fontainebleau, le 9 novembre 1685, âgé de 24 ans, sans enfants.

Sa femme Marie-Anne de Bourbon, appelée Mlle de Blois, fille légitimée de Louis XIV et de Mme de La Vallière, était célébre par ses grâces et sa beauté.

Nous allons nous intéresser au prince *Louis-Armand*, comme seigneur de Bagnols.

Nos archives font rarement mention de ce personnage qui disparut si jeune et si rapidement de la cour de Versailles. Il nous semble peu occupé de sa baronnie. Les vieux registres de Bagnols relatent périodiquement, vers le commencement de janvier, la nomination des Consuls. L'usage et la loi étaient ponctuellement suivis, à chaque renouvellement.

Nous voyons, en 1674, le cérémonial de la journée du 20 janvier. En présence de M. d'Alméras, viguier, de M. Jacques de Nicolaï, baron de Sabran et de Noble H. F. de Bruneau d'Ornac, régent pour le prince de Conti, et de Sibert, juge ordinaire de la ville, se sont réunis les consuls sortants. Ces derniers firent leurs propositions. On appelait cela ;

présenter le *roole*. Ensuite on choisissait les candidats, 4 ou 6, dans les différentes *eschelles* ; c'est-à-
dire dans les différentes classes de la société.

Dans la première échelle, étaient groupés les
avocats, les nobles, les médecins, les bourgeois; —
dans la seconde, les marchands, les notaires ; —
dans la troisième, les cordonniers, les cardeurs, les
cordiers ; — dans la quatrième, les laboureurs, les
jardiniers, les serruriers, les maçons.

A une séance postérieure, on nommait chaque
année aussi le greffier, l'auditeur des comptes, à
l'adresse de l'État, règlement des cabaux, le policien,
l'expert, les vallets, le portier à la porte de Bourgneuf, pour servir à *l'Archibelle* (1) « l'orlogier »,
l'assesseur opérant à Bourgneuf et à la Polligière, le
pescur de la farine. Voilà les différentes charges
remplies par des employés et des fonctionnaires
dévoués.

En 1675, le prince de Conti est désigné, dans le
registre du Conseil, comme seul seigneur de Bagnols,
jouissant des mêmes droits et privilèges que Sa
Majesté, malgré les protestations de Jacques de
Nicolaï, baron de Sabran (2).

Nous avons déjà dit qu'en 1680, le 16 janvier, il
épousa Marie-Anne de Bourbon; à l'occasion de ce
mariage, Bagnols manifesta sa joie par des transports
d'allégresse.

Le 5 janvier, les consuls font connaître qu'ils ont
écrit à M. de Jasse, intendant de la maison du prince
« pour savoir son avis de la façon que la ville se
« debvrait conduire en ocqurance de cette affaire ».

(1) Servir à l'Archimbelle, c'était être l'employé chargé de peser
la chair à la boucherie.

(2) Arch. de Bagnols V. B. B. 13-1673-1685.

Il leur fut donné des instructions convenables.
Le Conseil délibéra que « pour témoigner sa joie
« et sa satisfaction, on fera prendre les armes
« à tous les gens de la ville capables de les porter
« auxquels il sera baillé des carterons de poudre à
« chaque mousquetaire : que les habitants, en outre,
« feront feu de joie, au devant de leur maison cha-
« cun en droit soi et mettront des chandelles à leurs
« fenêtres... réjouissances publiques sur la grande
« place... le plus grand nombre de tambours que
« faire se pourra... Une fontaine de vin sur la
« place... le tout sera fait avec diligence, toutes
« affaires cessantes et que toute la dépense sera
« payée par la communauté. »

On vota 500 livres et l'on autorisa les consuls à
employer là les 400 livres qui sont entre leurs
mains et proviennent de la vente des fossés... La
municipalité joignit une autre libéralité à la première, elle vota 9 livres pour acheter une caisse de
tambour, dont on se servira pendant la fête et qui
sera déposée dans la maison consulaire. Un artificier
d'Avignon à qui l'on donna 400 livres, 30 livres de
salpêtre, le bois et les dessins, se chargea de la partie pyrotechnique.

Pendant quelques années, la personnalité du prince
de Conti semble effacée. On dirait que la communauté se suffit ; on ne s'adresse pas au baron
pour les réparations à faire dans la cité ni aux fon-
taines, ni aux chemins.

Les deniers municipaux comblent toutes les dépenses, ils servent à payer les fêtes en l'honneur des
illustres visiteurs, princes ou intendants généraux
de la province, même à subventionner les corpora-

tions,Recollets et Cordeliers qui demandent annuellement la charité (1).

Plus n'est besoin de brevet du prince pour la
création des consuls : le choix du Régent, qui le
représente est toujours accepté. D'ailleurs à cette
époque, Louis Armand bataillait dans les armées en
Belgique, et, ici, M. d'Ornac,qui avait toute sa confiance, ne laissait pas tomber en désuétude les privilèges seigneuriaux.

Cependant,le 13 mai 1683,le prince de Conti intervint pour faire grâcier les habitants de Bagnols qui
ayant fait entrer clandestinement du vin étranger
dans la ville, avaient été dénoncés au parlement de
Toulouse.

Le concours du baron fut bien accueilli (2).

Il est bon de constater chez le prince une velléité
d'exercer le pouvoir. Le samedi, 1ᵉʳ janvier 1684,
au moment de la création des consuls, le viguier
rappelle qu'il a été avisé que le prince de Conti
« désirait qu'un personnage qui lui fût agréable,
remplît la place de premier consul et qu'il fallait par
déférence attendre de connaître ses intentions là-
dessus. » Le S. d'Ornac a dit que la volonté du prince
était consignée dans deux lettres qu'il a exhibées.

La première, de M. d'Apremond,secrétaire de S.A.
et l'autre, de M. de Cassagnes.Le régent ajoute que,
de son chef, il décide de procéder à l'élection consulaire conformément à la volonté de S. A., autre-
ment il va donner « *advis du retardement* » de l'élection. A son tour, le viguier rappelle, avec accentua-
tion, que le devancier du prince, feu Mgr de Conti,

____

(1) Délibération du 27 décembre 1683. Arch. Bag. BB. 13.

(2) A la même date nous trouvons le budget de l'époque, 4 juillet 1683.

et feue Mme la Princesse leur faisaient l'honneur de les consulter personnellement ; que la lettre de M. de Cassagnes n'était pas décisive mais bien remplie d'ambiguïté, et qu'elle marque que ladite élection peut être différée, il opine donc pour que les anciens consuls restent en charge et continuent leurs fonctions.

On revient sur l'affaire des marchands de vin étranger : la lettre de M. de La Chenay dit que Son Altesse Sérénissime voyant qu'il est difficile de terminer cette procédure au parlement et qu'il es^t bon d'envoyer à Toulouse un homme capable de discuter et solliciter, propose au conseil de choisir. La lettre engageante se termine par cette phrase d'une parfaite courtoisie ; « Faites-moi , s'il vous plaît ensuite, messieurs, la grâce d'être persuadés, qu'en toute occasion, qui se présentera de vous servir.....'... j'essayerai de vous faire connaître que personne n'est dévoué plus que moi ».

Le 6 décembre 1685, le S. Giry, premier consul, « rappelle que le prince de Conti est mort depuis quelque temps et qu'il est juste que la ville donne des marques de sa douleur pour une aussi grande perte. » Il fut aussitôt délibéré qu'un service sera célébré à l'église paroissiale avec oraison funèbre, chapelle ardente , tentures et ornements convenables au sujet, le tout aux soins des consuls qui obtiennent du conseil la somme de 200 livres L'autorisation de faire cette dépense sera demandée à M. de Damville, intendant de la Province.

FRANÇOIS-LOUIS DE BOURBON, PRINCE DE CONTI

1664-1709

Baron de 1685-1709

François-Louis de Bourbon, prince de Conti, pair de France, comte d'Alais, de Beaumont-sur-Oise et de Pèzenas, châtelain de l'Isle-Adam, marquis de Granville, vicomte de Teyrargues, seigneur de Ferre-en-Tardinois, de Trie etc., acheta en 1706, la part qu'avait le roi sur la seigneurie de Bagnols.

Né en 1664, François-Louis hérita du titre de Conti à la mort de son père, Louis-Armand ; il était alors dans sa vingt-et-unième année ; depuis quelques années déjà, il avait pris la carrière des armes ; son goût pour la guérre fut le premier penchant que la nature montra en lui. Guidé par la force de son génie, il se fit d'abord de l'art militaire une étude et non pas un amusement. Il comprit tout ce qu'il fallait d'étendue, d'élévation, de sang-froid, de vivacité, de profondeur, de ressources, de connaissances pour y exceller, et crut qu'un prince ne devait compter pour rien de combattre, s'il ne se rendait pas digne de commander.

Plein d'une ardeur belliqueuse, il suit son frère Louis-Armand en Hongrie, où le prince Charles de Lorraine, général des troupes de l'Empire, prend le jeune héros en grande affection.

Il était à Courtray, dans la campagne de Flandre, à la prise de Dixmude en 1683; à Luxembourg, où à la tête des grenadiers, il monta à l'assaut d'un bastion, l'épée à la main ; à Neograd, où une escarmouche engagée trop témérairement avec les Turcs change de face, à l'arrivée du prince qui y vole et finit par dégager plusieurs officiers d'un granp nom ; — à Newhausel, où couvert de poussière et de gloire, il seconde vaillamment l'électeur de Bavière, dont il fit un allié pour la France ; — enfin à Gran où, à la tête du 1er régiment de l'Empire, il arrête les Turcs et leur arrache la victoire.

Partout il donna des marques de son courage, de son intrépidité et de sa bonne conduite. Le roi le fit chevalier de ses ordres en 1686 ; des intrigues de Cour, dans lesquelles il fut mêlé, l'avaient obligé de se retirer à Chantilly, près de son oncle, le Grand Condé, dont il reçut les instructions et les conseils. Son frère Louis-Armand venait de mourir.

Condé, qui le prit en grande affection, vivait dans un glorieux loisir, il jouissait des fruits de sa réputation et de ses victoires et, disait le panégyriste de son neveu : « Ayant jusque-là vécu pour la postérité, il vivait enfin pour lui-même. »

François-Louis recueillait, de la bouche de son oncle illustre autant que modeste, les trésors de sagesse, de précaution, de prévoyance, d'activité, de hardiesse, de retenue qui l'avaient rendu le premier de tous les hommes dans l'art de combattre et de vaincre.

Cependant, malgré sa grande renommée, le roi le tint en disgrâce ; il ne pouvait lui pardonner ses lettres écrites des bords du Danube, où il était avec son frère et les princes. Le roi Louis XIV avait lu de sa propre personne ce portrait : « C'est un roi de théâtre quand il faut représenter ; un roi d'échec quand il faut se battre. »

François-Louis épousa la petite-fille du Grand

Condé, Marie-Thérèse, dite Mademoiselle de Bourbon, fille d'Henri-Jules de Bourbon III. Grâce à l'influence de l'illustre Condé, son oncle, qui avait su l'apprécier, le prince de Conti fut autorisé à servir sous les généraux illustres qui commandaient à Fleurus, à Steinkerque, à Nerwinden (1) (1692). Dans cette dernière bataille où le maréchal de Luxembourg (2) laissa 10.000 hommes, le roi Guillaume III en perdit 17.000. Le prince de Conti reçut un coup de sabre sur la tête, en précipitant la cavalerie dans la rivière de Gattes, après cinq attaques meurtrières.

La renommée d'une valeur aussi manifeste le fit élire roi de Pologne, en 1697. Jean Bart le conduisit à Dantzig ; mais des rivalités avec le duc de Saxe le firent renoncer à la couronne et il revint à Versailles, au milieu de ce monde élégant dont il était le favori. Bientôt il fut pris, au moment d'entreprendre la guerre de Flandre, d'une maladie de langueur et mourut le 22 février 1709, à l'âge de 45 ans. Les regrets furent universels. Il fut enterré à St-André-des-Arts, à côté du chœur, près de la princesse Anne-Marie, sa mère, nièce de Mazarin. Son fils Louis-Armand devint son héritier.

Telle a été, d'après l'histoire et les chroniqueurs du temps, l'existence accidentée de ce prince. Une lacune de 5 années 1685 à 1690 ne nous permet pas d'affirmer si François-Louis a succédé à son frère Louis-Armand dans ses droits sur la baronnie de

(1) Le Père Anselme, *Histoire générale de la maison de France*, T. I. page 167 : « à Nerwinden, les ducs de Chartres, d'Enguin et le prince de Conti y montrèrent une valeur extraordinaire. » On a dit de François-Louis : « soldat, général à mesure que le besoin du service le demande. Ses conseils commencent la victoire et sa valeur l'achève. »

(2) Le maréchal répétait souvent : « Je dois au prince de Conti le principal honneur de mes victoires. »

Bagnols. Les registres de cette période manquent aux archives.

Toutefois nous voyons que le s^r d'Ornac, régent, siège au conseil ; en 1693, il est inscrit comme le régent du prince de Conti ; assurément François-Louis ne devait avoir à cette époque qu'une partie des droits à la Juridiction, comme nous le montre un document que nous reproduisons en note (1).

En 1692, le Roi créa les Mairies perpétuelles. Ce fut « par arrest du 20 décembre » de la même année qu'il nomma solennellement le Maire de Bagnols (2). C'est « son cher et bien aimé Charles de Sibert qui jouira des honneurs, autorités, prérogatives, préé-

---

(1) *Lettres patentes du Roi données à Versailles au mois de novembre 1700*, portant approbation et confirmation de la vente faite le 16 septembre de la même année par les commissaires généraux de sa majesté à *son très cher et vénéré cousin, François-Louis de Bourbon, prince de Conti* » de toute la justice haute, moyenne et basse..... qui lui appartenaient dans la ville et viguerie de Bagnols et autres lieux d'icelle, même sur les îles, dans l'étendue de ladite viguerie, avec pouvoir de rembourser le Viguier et autres officiers royaux de la finance qu'ils ont payée, les destituer et en établir d'autres, en leur lieu et place, au nom de lui, prince de Conti et de tous les droits dépendant de toute justice, ensemble, de tous les fiefs et hommages des terres et biens qui relevaient de sa majesté, situés dans l'étendue de ladite ville et viguerie de Bagnols, amandes, sceaux, greffes, confiscation, aubaines, déshérences, batardises, forfaitures, albergues, censives, usages, et toutes ventes : langue de bœuf, fours, mesurages, droits de chasse et de pêches, fossés et autres droits et devoirs seigneuriaux généralement sans en rien excepter ni réserver, moyennant la somme de 2 000 livres de principal, outre et par dessus celle de 6525 livres d'ancienne finance, suivant la liquidation faite par les dits commissaires généraux, laquelle tiendra lieu d'augmentation de finance par le dit prince de Conti, ses successeurs et ayant cause des dites justices et droits à titre d'inféodation et de propriété incommutable, sous une seule foi et hommage et l'albergue d'un écu d'or, par chacun payable au fermier des domaines de sa Majesté, sans qu'à l'avenir le dit Prince de Conti, ses successeurs ayant cause puissent être troublés, ni inquiétés, ni dépossédés sous quel prétexte et occasion que ce soit...»

(2) En 1692, on lit rarement *Baignols* mais bien Bagnols, — et presque tous les conseillers signent au registre.

minences, privilèges, exemptions, franchises... et aura pour gages (1) 625 livres...»

Il prête serment le 1er Mai 1693. Le Maire était naturellement président du Conseil ; mais il y avait toujours les quatre Consuls.

A la réunion du 14 juin 1693, il est donné lecture d'une lettre de M. Millon, chef du Conseil de son Altesse Sérénissime Monseigneur le prince de Conti, à M. de Cornillon, maire, datée de Paris, le 7 juin, « au sujet d'un plan présenté à S. A. S. de la part des Révérends Pères Recollets de cette ville, pour avoir permission d'avancer, dans le grand chemin devant leur bâtiment, une chapelle qu'ils veulent faire pour leur confrérie du Tiers-Ordre, pour laquelle ils demandent si Son A. S. désire accorder auxdits révérends Pères Recollets ce qu'ils désirent; voulant cependant ladite Altesse Sérénissime savoir les raisons que ladite communauté a eue de leur refuser cette permission. »

Le Conseil délibère que le Maire et les Consuls écriront à M. Millon, pour le prier d'assurer S. A. de l'entière soumission de la communauté à suivre ses ordres en témoignage respectueux.. . que la construction de ce bâtiment entre le chemin d'Avignon et la porte de la Poligière, porte un grand préjudice à la communauté, mais que cependant, et quelque incommodité que la ville puisse en retirer, elle sera toujours entièrement soumise à tout ce qu'elle voudra. »

La permission fut accordée (2).

(1) On dit gages et non plus *gaiges* comme l'année précédente (1691-1692).

(2) C'est depuis lors qu'ont été construites les maisons qui, aujourd'hui (1884) devraient être démolies afin d'avoir un alignement parfait entre la route d'Avignon et la place de la Poulagière : Couvent des Dames de Besançon et maison Méric, ancienne maison Gensoul.

Dans le cours de l'année 1693, le Conseil avait sur la demande du Roi, voté 800 livres pour les frais de guerre, le Maire perpétuel approuve la délibération, mais « il proteste contre tout ce qui est préjudiciable à S. A. le prince de Conti, puisque de tout temps immémorial, son officier a partagé les honneurs avec l'officier royal, n'ayant que la préséance et la présidence devant lui et MM. les Consuls ont toujours *accoustumé de faire advertir* l'officier royal dans toutes les assemblées. » (Août 1693).

Nous pouvons être fiers de François-Louis de Conti, de ce prince du sang qui fut, il y a deux siècles, le seigneur de Bagnols.

Citons ce qu'a dit de lui le duc Saint-Simon, dans ses *Mémoires* :

«Sa figure avait été charmante ; jusqu'aux défauts de son corps et de son esprit avaient des grâces infinies... Il fut les constantes délices du monde, de la cour et des armées, la divinité du peuple, l'idole des soldats, le héros des officiers, l'espoir de ce qu'il y avait de plus distingué. C'était un très bel esprit, lumineux, juste, exact, vaste, étendu, d'une lecture infinie, qui n'oubliait rien, qui possédait les histoires générales et particulières, qui connaissait les généalogies avec leurs chimères et leurs réalités, qui savait où il avait appris chaque chose et chaque fait, qui en discutait les sources et qui retenait et jugeait de même ce que la conversation lui avait appris, sans confusion, sans mélange, sans méprise, avec une singulière netteté.

Le prince de Conti fut le cœur et le confident de M. de Luxembourg en ses dernières années.... Il avait l'esprit solide, infiniment sensé, il en donnait à tout le monde. Il se mettait merveilleusement à la portée et au niveau de tous et parlait le langage de chacun avec une facilité non pareille. Le monde le plus important, le plus choisi le courait. Jusque dans les salons de Marly, il était environné du plus exquis. Il y tenait des conversations charmantes sur tout ce qui se présentait indifféremment.

Ce n'est point une figure, c'est une vérité une fois éprouvée, qu'on y oubliait l'heure du repos. »

Son oraison funèbre fut prononcée par Massillon.

LOUIS-ARMAND DE BOURBON, PRINCE DE CONTI,

né en 1695-1727

Baron de 1709 à 1727.

Louis-Armand n'avait que quatorze ans quand son père mourut. Il hérita des titres que nous avons énumérés en racontant la vie de François-Louis. Né en 1695, il fut tenu au baptême par le roi et la reine de la Grande Bretagne. Nommé chevalier des ordres du roi en 1711, il prit séance au Parlement en qualité de pair de France. Il servit sous le maréchal de Villars, à l'armée du Rhin (1713); il assista au siège de Landau, à la défaite des Impériaux et à la prise de Fribourg.

On le nomma du Conseil de la Régence, et gouverneur du Poitou en 1717, mais, en 1719, il fut envoyé en Catalogne avec Berwick. Les Mémoires de la princesse Palatine parlent de ses singularités et de sa distraction. Si son père lui transmit la Baronnie de Bagnols, il n'hérita pas de ses brillantes qualités. Louis-Armand mourut à trente-deux ans, en 1727, laissant un fils Louis-François, de

Louise-Elisabeth de Bourbon qu'il avait épousée en 1713.

Qu'a-t-il fait ou qu'a-t-on fait pour lui dans sa bonne ville de Bagnols? Suivons, pas à pas, le meilleur des chroniqueurs, celui qui transcrivait les délibérations du conseil politique.

« Le 14 décembre 1710, M. le Premier Consul a exposé qu'il avait reçu une lettre de M. de Mandajor, intendant des Maisons et affaires de S. A. S. Madame la princesse de Conti, du onzième du courant, et un règlement que S. A. S. a jugé à propos de faire, pour éviter les abus qui pourraient survenir dans l'élection des consuls des terres de S. A. contenant que son intention estait que ce règlement soit exécuté à la rigueur pour servir de règle à l'advenir et que ce dit règlement sera enregistré dans les registres des dites baronnies pour y avoir recours ».

Voici le texte : — Dans les villes et communautés des comtés de Pézénas et Alais et autres terres appartenant à S. A. S. Monseigneur le prince de Conti.

« 1. Qu'à l'advenir aucuns consuls ou autres officiers que S. A. S. a accoustumé de nommer ne seront reçus et installés que sur des lettres signées de S. A. S. madame la princesse de Conti.

« 2. — Qu'il y aura deux mois de délai de la présentation à l'installation, afin que le prince puisse s'informer quel est le plus méritant.

« 3. — Qu'aucun habitant ne sera nommé s'il n'a pas satisfait aux règlements de la communauté, soit en rendant compte des administrations précédentes soit en faisant voir qu'il possède des fonds et des cabaux au tarif ceux de son rang.

« 4. — Que nul ne pourra être consul deux années de suite, ni être nommé une seconde fois, qu'après avoir esté trois années hors de charge.

« Nous Princesse de Conti, princesse du sang, tutrice de notre très cher fils Louis-Armand de Bourbon, prince de Conti, prince du sang, approuvons.. et voulons qu'il soit exécuté...... à Paris, le 27 novembre 1710. Signé : Marie-Thérèse de Bourbon, et à l'original : des Ours de Mandajor. »

Le Conseil délibère et approuve : le règlement sera exécuté selon la forme et la teneur (1).

En 1711, le 13 août, à la réunion de l'Hôtel-de-ville, a comparu M. Augustin Picom d'Alméras, ancien capitaine au régiment de Vendôme, qui a affirmé que le roi, par son édit de décembre 1708, a créé, dans toutes les villes de son royaume, où il n'y en a pas encore, un poste de lieutenant du roi, héréditaire, pour y commander en l'absence du gouverneur « sous l'autorité de sa Majesté et celle du gouverneur », lui accordant toutes les prérogatives et tous les privilèges attachés à cette charge »........ En conséquence le S. de Picom d'Alméras, sous l'agrément de S. A. S. madame la princesse de Conti, *dame* de cette ville, aurait été pourvu de la lieutenance du Roi du dit Bagnols, comme résulte de ses provisions revêtues du grand sceau, signées par le roi, le 19 mars dernier.

C'est à Madame la princesse de Conti, qu'on envoie en novembre 1711 les *roolles* pour les élections consulaires.

Au commencement de l'année 1714, le maire fait part d'une lettre de M. de Bompas, secrétaire des

(1) V. le texte de la nomination aux archives, vol. B.B.-14

commandements de S. A. S. madame la princesse de Conti, au sujet des réparations « à faire aux fours banals » de S. A. S. Une autre proposition est faite : La princesse verrait avec grand plaisir que la communauté achetât la maison de M. de Verfeuil pour y faire l'audience de la cour, les prisons et l'hôtel de ville (1) et sur la place des Peyrières, un local pour y établir la boucherie.

L'assemblée a unanimement délibéré qu'elle sera toujours portée à marquer à S. A. S. son zèle et son attachement respectueux.

Le 1er janvier 1714, le maire annonce qu'ayant communiqué la dernière délibération concernant la nomination des consuls, Monseigneur le prince de Conti lui a fait l'honneur de lui répondre. Le prince avait alors dix-neuf ans. Il devait n'être plus sous la tutelle de sa mère puisqu'il faisait acte d'autorité.

C'est en tête d'une délibération de cette année que M. de Sibert inscrit ses titres : Baron de Montière et de Vallerargues, conseiller du roi, maire perpétuel. Il est à remarquer que c'est là le texte d'une inscription posée à la porte de Bourgneuf en mémoire de l'érection des murailles de la ville. (2)

Nous trouvons dans la même délibération le rappel d'un usage que l'on conservait respectueusement. Après sa nomination, chaque consul fait chaque année une visite d'honneur à Monseigneur le Comte du Roure, lieutenant général et commandant dans la province, dans ce département, et lui demande sa protection.

(1) Cette maison ne serait-elle pas celle qui a servi pendant de longues années d'Hôtel de ville (café Peyron) à l'angle de la place et de la rue.

(2) Cette pierre est au musée de Bagnols; il y a les noms de nos compatriotes dont nous voyons la signature sur le registre BB-14; et en 1908, elle est enclavée dans le mur.

En 1715, le texte de la délibération est plus solennel. — Le Maire qui proclame le nom des nouveaux élus « par le bon plaisir de S. A. S., exhorte les titulaires à bien et dûment exécuter les ordres du Roi... observant les ordonnances de nos seigneurs les commissaires présidant pour le roi, aux Etats de la province et des cours souveraines sur l'administration des communautés et les ordres de S. A. S. Monseigneur le Prince de Conti. Ce que moyennant le serment par chacun d'eux prêté, la main mise sur les Saint Evangiles entre les mains du sieur viguier, maire, ont promis d'observer ponctuellement tout ce que prescrit la loi...... Et en robe et le chaperon sur l'épaule, ils sont allés rendre grâce à Dieu de leur élection. »

Nous ne résistons pas à placer ici un souvenir qui ne se rattache point à notre héros, mais qui peut intéresser nos compatriotes. Résumons quelques pages de nos archives.

Le 21 mars 1715, une transaction fut passée entre M. Louis de Blachère, seigneur de Valescure, procureur fondé de l'illustrissime et révérandissime, messire Henri-François-Xavier de Belzunce, évêque de Marseille, commandataire de l'abbaye de Notre-Dame-des-Chambons, ordre de Citeaux, seigneur de Maransan, près Bagnols, d'une part ; et de l'autre, Isaac Reboul et F. Fontanille, premier et second consuls.

L'évêque de Marseille, comme abbé des Chambons (1) jouissait du domaine de Maransan, ses prédécesseurs, les abbés ou les recteurs, l'avaient cédé à nouveau cens, à certains particuliers vers

____

(1) Abbaye du Vivarais.

1370 ou 1380. La communauté ayant fait. faire un compoix en 1438, les pièces baillées à divers y furent comprises. Mais, en 1448, on les inscrivit sous le nom de Monseigneur l'Evêque de Marseille ; il y eut des rapports d'experts et de longs débats ; l'affaire fut plaidée, mais faute de preuves, le procès ne fut point terminé.

« En 1715, le 30 juin, au sujet des réparations urgentes à l'église du côté du chœur, la communauté offre 500 livres pour acheter et démolir la maison de Roman. Le maire supplie humblement Monseigneur le Prince de Conti d'autoriser la dépense, la restauration et l'embellissement de l'église paroissiale.

C'est le 14 juillet de la même année que le Maire parle du sieur Mézangeau, sculpteur de la ville de Bollène « ayant été ci-devant, en la ville d'Uzès où il a fait des ouvrages de menuiserie ». Il demande le paiement de ses frais de voyage et de travail, plans et devis consistant en forme et lambris du chœur, de la chaire à prêcher et de la table dela communion. Il aurait dit qu'il voulait être aussi payé de ses ouvrages et de ses journées en cas où il y eût moins-dite, sur l'offre qui sera par lui faite ».

On délibère qu'il sera donné à Mezangeau, s'il n'a pas l'adjudication, la somme de 30 livres comme indemnité.

Le travail était vivement disputé par des concurrents sérieux. Le 16 septembre, ce sont les sieurs Jean Roche, d'Uzès et Antoine Mestre, de Nimes, qui l'accepteraient à 1.700 livres. Ils signent et promettent bonne et suffisante caution. Les plans de Baptiste Mezangeau seraient exécutés.

Le même jour, dans l'après-midi, a lieu une nouvelle adjudication. Le registre porte le détail des plans et devis. Un sieur Pierre Charles dit le Parisien, d'Avignon, ayant pour caution Privat, menuisier, promet de faire les travaux au prix de 1.690 livres. L'acte fut annulé à cause de la moins-dite du sieur Mezangeau, de Bollène, à qui l'adjudication fut consentie à 1685 livres, l'artiste signa l'acte au registre.

En 1716, les consuls nommés sous le patronage du Prince de Conti, sont divisés en 4 rangs et non plus en échelles.

Le 2 août, le maire, M. de Cornillon, donne avis qu'à la demande de plusieurs habitants qui se plaignent des maraudeurs et des vagabonds qui volent les fruits dans la campagne, il y a lieu d'établir des gardes-terres. Le Conseil vote et nomme six employés devant fonctionner, depuis le 15 août au 15 octobre au prix de trente livres chacun. Ces nouveaux élus parcourront les campagnes et le jour et la nuit. Ils signaleront au maire les délinquants afin de décerner les amendes nécessaires. « Lesquels gardes seront tenus de payer en leur propre et sur leurs gages, vingt sols toutes les fois qu'un habitant de probité lui viendra porter plainte des dégâts faits dans ses fonds et propriétés, même seront punis les dits gardes de plus grande peine s'ils se trouvent connaisseurs d'avoir connivé avec les malfaiteurs. Ils ont pouvoir d'enlever leurs fusils aux chasseurs qui, avec ou sans chiens, chassent dans les vignes, etc. Le tout en conformité des ordonnances royaux, arrêts de règlement et droits attribués au maire par son Altesse S. Monseigneur Prince de Conti. »

La ville semble agitée d'un commencement de

conflit entre nos gouvernants, mais le Prince de Conti s'empressa d'y mettre fin. Le 25 janvier 1718, une de ses lettres porte les lignes suivantes :

« Malgré l'opposition de nullité par défaut de présence du subdélégué de M. l'intendent, la nomination des 24 conseillers a lieu ». L'épître du Baron finit par ces mots. « J'espère que les nouveaux con- « seillers s'acquitteront dignement de leur emploi « et qu'ils procureront à votre communauté tout le « bien et l'advantage que vous pourrez désirer. Soyez « toujours persuadés de mes bonnes intentions, « es/ant, messieurs les consuls et habitants de « Bagnols, votre meilleur ami. Louis Armand de « Bourbon ».

Nos anciens documents écrits laissent dans l'esprit de nos lecteurs une impression pénible. Il soufflait à cette époque, paraît-il, un certain vent de mésintelligence parmi les hauts fonctionnaires de la cité : quelquefois pour des questions qui paraissent futiles à notre génération démocratique. La cause venait-elle des scrupules outrés de quelques personnalités exigeantes ? Nous le croyons. Nos archives nous permettent de suivre la trace d'une querelle de préséance entre les représentants du roi (le subdélégué) et l'agent du Prince de Conti ; force semble rester à M. Nicolas de Lamoignon, intendant du Languedoc. Un arrêt du 17 février 1718 nomme, pour remplir les fonctions de conseiller politique, 24 habitants de son choix.

Notre Prince chéri va nous témoigner de sa mansuétude toute paternelle. Lisons la lettre que son trésorier, M. Baugier, écrivait à M. Saurin alors premier consul:

— 75 —

« De Paris, ce 13 juin 1718.

« Je n'ai pas pu, Monsieur, répondre à votre lettre du 16 du mois passé, parce que j'ai été quelque
temps à la campagne. Vous pouvez faire mettre un
carcan avec une plaque de fer blanc aux armes de
S. A. S. dans la place publique. Je ne sais pas pourquoi vous avez attendu si longtemps à demander
cela. Je suis, Monsieur, votre très humble et très
obéissant serviteur. Baugier. »

Le naïf trésorier s'étonne du peu d'empressement
de l'administration locale à demander cet aimable
instrument de supplice : le Carcan ; on sait que
l'appareil sinistre était posé à la porte de la *Maison
du Roi.* (1)

— Le 17 mars 1719, on parle d'un événement qui
intéresse les Bagnolais. — Le prince de Conti ne
passera point par Bagnols : il se rendra dans le Midi
par le Poitou. Ce qu'il y a de précis c'est que ses
équipages et tout le personnel de son escorte,
ayant M. de Meynecour en tête, logeront dans nos
murs. Les habitants sont invités à tout préparer
pour recevoir très honorablement les gens du
Baron. M. de Meynecour sera complimenté par
le corps de ville, on donnera à toute la suite le
logement et les vivres.

« Dès demain, dit le Conseil, le Viguier et le premier consul se rendront à Pont-St-Esprit et iront
prendre les ordres de M. de Meynecour ». Les Consuls sont invités à ne rien négliger pour cette réception et au besoin à emprunter la somme nécessaire.

(1) Hôtel légué à la ville par M. le docteur Mallet. Ce fut la résidence de la famille d'Augier. Pierre d'Augier était en 1603, prévôt
général de la province du Languedoc. — Le Roi, les princes et le
duc de Montmorency logèrent dans cet hôtel que l'on appela la
Maison du Roi. — V. *Bagnols en 1787 par* L. A. La Bibliothèque
communale est aujourd'hui dans ce logis seigneurial.

A la fin de décembre 1719,le baron de Cornillon, Viguier et Maire, fait part que, dans sa lettre du 20, M. de la Belladière, intendant et trésorier du Prince de Conti, lui envoie un billet de banque de 10.000 livres pour payer pareille somme que le prince doit à la communauté. On demande une quittance.

Le Maire dépose les fonds sur le bureau, « afin de donner au *plustôt* des marques de soumission de la communauté aux ordres de S. A. et demande qu'il en soit délibéré ». Le Conseil n'étant pas en nombre. on ajourna à la première séance. Le 6 janvier 1720, le règlement fut définitif.

En 1721, nous voyons la population Bagnolaise prenant des mesures sanitaires à cause du mal contagieux. La peste qui sévissait alors à Marseille nous rappelle l'Evêque Belsunce, notre seigneur de Maransan. On fermait les portes de la ville, on doublait la garde bourgeoise ; on faisait des emprunts pour soulager les malheureux. Monseigneur de Roquelaure nommait un bureau de santé.

M. Pierre de Charron, capitaine de cavalerie, résident à Bagnols, est député à Montpellier pour informer l'intendance de tout ce qui regarde la santé, la sûreté et le bien public. M. de Charron, qui fera connaître les bonnes intentions de la ville, sera indemnisé à la présentation de son rôle de frais.

— Le 17 août 1721. De MM. de Roquelaure et de Bernage, le Maire apprend l'arrivée de séjour et le départ de l'ambassadeur du Grand Seigneur, à Bagnols (1) On exécutera les ordres de M. de la

(1) C'était Méhémet-Effendi, pacha turc envoyé de Constantinople en ambassade à Versailles, avec une suite de cent personnes. Né à Andrinople, il était un homme d'Etat des plus remarquables de l'empire Ottoman. Il venait en France uniquement pour resserrer l'alliance qui unissait les deux nations. Belle réception ; son voyage et son séjour en France durèrent un an. C'est à son retour

Baume , gentilhomme du roi. Tous les habitants seront en armes commandés par M. J. Pluvier de St-Michel... .

— La frayeur de la contagion, toujours croissante, était cause que les conseillers politiques ne se rendaient pas aux séances. Le 21 octobre 1721, une délibération fut prise, sauf l'approbation de l'Intendant de la province ; il était demandé que toute délibération serait valable, même quand il n'y aurait que six membres présents. (1)

En novembre, on délégua M. Cassan, maître apothicaire, pour aller aux frais de la communauté à Montpellier, acheter des drogues et médicaments, car la contagion menaçait la ville,

A la même date, nous lisons, dans le registre des archives, le rappel d'un arrêt de 1709 : la nomination des *collecteurs forcés* de la taille. « Si, pendant trois dimanches, il ne se présente personne pour s'offrir, à prix réduit, à faire les recouvrements des impôts, on nommera dans la 1re ou 2e classe. — Si les Maires et les Consuls n'ont pas procédé à cette nomination, ils sont tenus à opérer eux-mêmes comme *collecteurs volontaires.* »

Le 21 janvier 1723,la première année du règne personnel de Louis XV, la prince de Conti nomme les conseillers. Ceux de l'an dernier déposent leur robe et leur chaperon, lesquels seront remis aux nouveaux

qu'il dut passer par Bagnols — car selon les historiens, il dut aller à Versailles par Toulouse, il était à Béziers le 27 janvier et après 7 mois de séjour, nous le voyons, vers août et septembre partir de Nîmes pour Cette. C'est vers le 20 août que nos compatriotes le fêtèrent au passage. — Lire l'*Orient en Languedoc, par Lenthéric.*

(1) L'approbation n'arriva que le 18 janvier 1723 *(1 an et 3 mois après la demande, signée de Bernage, intendant et Monseigneur Laget à Nîmes.*

élus. — Jean Allègre, teinturier, est porté dans le troisième rôle comme troisième consul (1).

A la même séance, le sieur Consul communique une lettre de M. de Boichel, secrétaire des commandements du Prince de Conti, (12 janvier), par laquelle le prince exprime le désir de racheter les taxes municipales. Son intention, n'est, par là, que d'empêcher que des particuliers ne se présentent pour les acquérir... Il désire que la communauté pût en faire l'acquisition moyennant le prix de 117.000 livres à quoi elles sont fixées déjà, outre les 2 sols pour livre. Le Prince se plaint de ce qu'il ne connaît pas les titulaires lesquels peuvent ne point avoir droit à sa confiance. Il veut pouvoir faire son choix parmi ceux qui lui seront présentés. On demande l'avis du Conseil.

Le dernier jour de janvier, le Conseil politique, renforcé par les notables, se réunit et délibère. Le refus de charger la communauté d'une dépense aussi considérable est motivé par le rappel des sommes déjà employées pendant la guerre des fanatiques *(camisards)*, pendant les temps désastreux où la peste ravageait la contrée, la misère générale, la mortalité des oliviers et des mûriers, qui ont été gelés par le grand hiver. Les familles signalées comme les plus riches ne peuvent payer leurs impôts. Ce surcroît, assure-t-on, achèverait de ruiner la communauté, l'Assemblée prie M. Boischet d'exprimer des regrets et de faire valoir toutes ces bonnes raisons auprès du Prince.

(1) Nous avons été heureux de voir notre aïeul occuper une place honorable. Teinturier comme ses fils et ses arrières petits-fils, il a jusqu'au dernier de sa famille (celui qui écrit ces lignes) transmis et son industrie, aujourd'hui perdue à Bagnols et son dévouement à la chose publique et à son pays.

Toutefois le Baron ne voulant pas céder fit agir plus activement son représentant un mois plus tard.

Peu de jours après, le 14 mars, le Viguier-Maire entretenait le Conseil d'une lettre et d'un mémoire écrits par M. de Gaumond, conseiller d'Etat, chef du Conseil du prince de Conti, laquelle rappelle le désir de Louis-Armand de voir la communauté racheter les charges municipales. M. de Cornillon opine pour l'acceptation, afin de témoigner l'empressement, le zèle et le dévouement de la communauté à respecter les intentions du Baron. M. Vire, premier Consul, et ses collègues étant du même avis, on demande pour cette circonstance qui intéresse au plus haut point la communauté une nouvelle convocation des notables.

Le 21 mars, autre réunion de citoyens renforçant le Conseil politique ; même exposé, assentiment des consuls, qui voient là un intérêt pour la ville et l'occasion de « donner à son Altesse, les marques du zèle très respectueux que la communauté doit avoir pour ce qui peut regarder les intérêts d'un si grand prince ».

Il fut délibéré :

« Que Messieurs les Consuls sont du sentiment d'acquérir les charges, conformément à la lettre, au mémoire et à la délibération précédente. Ce que le surplus du conseil politique de même que les notables habitants ici assemblés à ce sujet, ont unanimement délibéré de n'acquérir aucune charge, par les raisons alléguées à la délibération du dernier jánvier passé. Et çà de suite a été autorisé par M. le Viguier qui, y a interposé son... autorité judiciaire et ont signé : — Vire, premier consul, Gentil, Charmasson, etc., etc., de Cornillon.

Le 12 mai 1727, on apprend à Bagnols la nouvelle de la mort du prince de Conti. Le maire propose au Conseil de donner des marques de la profonde douleur des Bagnolais pour une perte aussi cruelle. On délibère que les consuls, après en avoir reçu la permission de M. l'Intendant, emprunteront deux cents livres, qu'il sera fait une cérémonie funèbre dans l'église paroissiale tendue de noir ; mais un mois plus tard, le 22 juin, cette délibération est annulée et il fut convenu que le service pour le repos de l'âme du Prince aurait lieu à l'église « des Révérends Pères Récollets, plus propice et plus commode....... Le Conseil politique demande et veut que cette manifestation soit non seulement pour rehausser dans l'esprit de ses sujets les vertus dont le Prince était doué, mais encore pour y conserver à jamais le souvenir de l'intérêt dont Son Altesse Sérénissime a honoré, dans toutes les occasions, la communauté ».

LOUIS FRANÇOIS DE BOURBON, PRINCE DE CONTI

1717 - 1776

Seigneur de Bagnols : de 1727 a 1776.

Pendant que Louis Armand était gouverneur du Poitou, en 1717, — Louise-Elisabeth de Bourbon-Condé lui donnait un fils. On le nomma Louis François. (1)

La jeunesse de ce prince, orageuse et désordonnée, fut interrompue par son entrée en campagne.

(1) Le 3 avril 1717 : Le roi fut son parrain *et Madame* sa marraine.

Nommé Lieutenant-Général, en 1737, il servit sous le Maréchal Belle-Isle, en Bavière, en 1741, au début de la guerre de la succession d'Autriche. On cite sa campagne de Savoie (1). Pourquoi ne point rappeler ici ses succès avec l'Infant, don Philippe, qui, en 1744, fit les sièges meurtriers de Nice et de Demonte , Nice où ils attaquèrent les détachements Piémontais au milieu des rochers abrupts ? Le prince était sans canons, il fallait tout prendre par escalade : un roc à pic couvert de deux mille Piémontais, des retranchements hérissés d'artillerie. Ses grenadiers passaient par les embrasures mêmes des canons au moment où les pièces reculaient après avoir tiré. Les témoins de ces terribles assauts disaient : « Il n'y a que des diables ou des Français qui sont montés là ».

— Dans le défilé **des** Barricades, inondé par la dérivation de la rivière de la Stura, le passage fut tourné par une manœuvre habile: l'ennemi était pris entre deux feux.

Le fort de Demonte fut bombardé et incendié à boulets rouges. La population craignant l'explosion d'un magasin à poudre ouvrit les portes et se rendit.

Enfin le fort de Coni, défendu par 2500 montagnards, fut attaqué vaillamment par le prince. Voltaire dit que sa disposition passa pour une des plus savantes qu'on eût jamais vue et cependant il fut vaincu. Le prince de Conti, qui était général et combattant, eut la cuirasse percée de deux coups et deux chevaux furent tués sous lui. Les princes alliés repassèrent les Monts avec une armée affaiblie.

(1) Voltaire : *Siècle de Louis XV.*

En 1745, notre Baron alla à l'armée d'Allemagne ;
l'année suivante, il fit la campagne de Flandre et
s'empara de Mons et de Charleroi.

Le prince de Conti était très studieux et, malgré
les écarts de sa longue jeunesse, il avait acquis un
caractère ferme et probe, des connaissances et du
talent. Il cultivait avec succès les sciences et les arts.
Il était aussi modeste que généreux. Dans la lettre
qu'il écrivit au roi Louis XV, après la bataille de
Coni, il ne parla pas de ses blessures, il ne fit mention que des services des officiers qui s'étaient
signalés.

Après la biographie du guerrier et de l'homme du
monde, revenons au Baron de Bagnols.

Ce fut en 1727 que Louis-François, à peine âgé de
dix ans, hérita de son père Louis-Armand de Bourbon, prince de Conti, de la Baronnie de Bagnols. Le
Conseil de tutelle présidé par la princesse de Conti
ne fut pas constitué tout de suite, puisque, le diman-
chn 30 novembre 1727, on lui présentait la liste des
consuls à nommer pour l'année suivante. Cependant
deux ans après, — 1729 — le Baron de Cornillon
parle au nom de Madame la princesse de Conti,
dame de Bagnols : c'est elle qui signa la nomination
des Consuls... (1)

Le 29 janvier 1730, à la réunion du Conseil « le
Maire rappelle l'arrêt du conseil du roi — 26 octobre 1728, — qui proroge, en faveur des villes de la
province, pendant trois ans, la faculté et permission de rembourser les charges de maires, lieutenants
des Maires, consuls et autres officiers municipaux

(1) Le 22 juillet 1729 les sieurs Ducrey et Chauchard, fondeurs
d'Avignon, donnent quittance de la somme de 530 livres pour la
refonte de la cloche de la paroisse.

en titres. A cet effet, par les soins de M. de Bernage de Saint-Maurice, intendant de la province, il sera procédé à la liquidation de la finance des dits offices et ceux qui en seront pourvus seront tenus de lui remettre leurs quittances de finances, provisions et autres titres de propriétés ».

— Pour cette opération financière, les habitants désirent attendre le délai de trois ans accordé par le roi, car la ville n'a aucun revenu et doit près de 50.000 livres.

D'autre part, les habitants ont présenté au Conseil de leurs Altesses Sérénissimes, Messeigneurs le le Prince et Princesse de Conti, un mémoire pour les supplier « de vouloir consentir que les consuls qui entreront à l'avenir aux Etats de la province abandonneront une partie des rétributions ordinaires et extraordinaires qu'ils retireront de la province ou du diocèze, au profit de la communauté, pour être employée au paiement des intérêts qu'elle sera obligée de payer au maire » ; lequel mémoire a été approuvé par le conseil des princes, d'après le rapport de M. de Chabouillet.

Le 14 mai 1730, on rappelle qu'une députation des principaux bagnolais a été au-devant de S. A. S. madame la Princesse de Conti et de Monseigneur le Prince son fils. Les délégués sont allés à Pierrelate et de là à Orange, où la princesse a promis de se rendre à Bagnols. On attendra avec anxiété les illustres visiteurs. M. Boulard, secrétaire des commandements, écrit, de la part de la princesse et du prince, une lettre, lue en conseil et sur laquelle il est délibéré. La communauté reçoit l'ordre de leurs A.A. S.S. avec soumission et respect. Les consuls ajoutent que les provisions expédiées par le prince à M. Valeyre, capitaine des chasses de la Baronnie et Viguerie de Bagnols, seront enregistrées aux registres de la communauté et que le sieur Valeyre sera reconnu à l'avenir en cette qualité avec les honneurs et prérogatives attribués à sa charge. Lesquelles provisions sont signées : — Elizabeth de Bourbon, princesse du sang, princesse de Conti, tutrice honoraire des princes et princesses de Conti nos chers enfants, seigneurs de la Baronnie et Viguerie de Bagnols...

Vers les derniers jours de mai, on avise la municipalité de l'arrivée très prochaine de Madame la princesse et de Monseigneur le prince de Conti. Les habitants sont invités a être en armes, et les notables à monter à cheval, afin d'aller attendre leurs Altesses jusqu'à Roquebrune.

Il sera fait à Madame la princesse un présent de 40 livres de fantaisie (1) cardée, moitié blanche, moitié rousse (*sic*), le tout aux frais et dépens de la communauté, et la somme sera avancée par les collecteurs de la présente année.

Le 7 janvier 1731, après l'installation des consuls, on parle d'affaires. — Attendu que l'office de Maire a été remboursé et que cette charge est vacante, il a été délibéré que les consuls en feront les fonctions, jouiront des privilèges et prérogatives et prendront chacun la qualité de Consul-Maire.

Le 29 janvier, le Maire ouvre en plein conseil une lettre de Madame la princesse de Conti, adressée à MM. les Consuls et habitants de Bagnols, et dont voici le texte :

« Je suis fort contente, Messieurs, que M. de Cor-

---

(1) La fantaisie provient des débris de cocons, imitant la soie et tissée dans notre pays.

nillon ait eu l'entrée aux États. Mon dessein n'est pas qu'il en use mal avec vous. M. de Montullé lui écrit pour lui demander ses raisons, après quoi il vous mandera ce qu'il aura appris. Je protègerai toujours la ville et communauté de Bagnols : — Louise Elisabeth de Bourbon. »

En 1732, l'élection des consuls est faite par Madame la Princesse.

Le 3 février 1732, le Premier Consul-Maire expose qu'il a reçu avis que Monseigneur le prince de Conti s'étant marié avec mademoiselle d'Orléans de Chartres, il y a lieu, pour la communauté, à témoigner sa joie à l'occasion de ce mariage. Des réjouissances publiques sont votées et les consuls sont autorisés à présenter une requête à Monseigneur l'Intendant pour emprunter jusqu'à 300 livres pour un feu de joie.

La copie de la lettre de M. de Montullé, chef du Conseil, est au registre des délibérations.

« Je vous envoye, Monsieur, la délibération du Conseil qui prouve et confirme celle que vous avez faite au sujet des fours banaux. Je vous prie de la communiquer aux sous-fermiers afin qu'ils s'y conforment (1).

J'ai l'honneur d'être avec estime, Monsieur, votre très humble et très obéissant serviteur. — Chabon.

Paris, le 21 janvier 1732. »

En post-scriptum, il est dit :

« S. A. S. Monseigneur épouse demain S. A. S. Mademoiselle d'Orléans de Chartres, dans sa cha-

---

(1) L'on éloignera des fours les magasins de fagots. — Défense aux sous-fermiers d'avoir pendant la nuit des fagots dans les membres (sic) (appartements, pièces) destinées aux fours, et cela, de crainte d'incendie.

pelle à Versailles. Aujourd'hui, on les fiance dans le cabinet du roi (1).

M. Eméric, commissaire, députe pour la confection du papier terrier de Monseigneur le prince de Conti à Bagnols a fait dire aux consuls qu'il a été envoyé une délibération du conseil de S. A. S. du 17 juillet, qui porte que la communauté n'a aucun droit sur les garrigues, vacants, terres vaines et vagues, sises dans le terroir de Bagnols, et qu'elles appartiennent en propre à S. A S., en conséquence des déclarations du roi et du jugement des commissaires, *(le 16 août 1686).*

L'opinion des consuls est que la déclaration du roi maintient toutes les communautés et particuliers en Languedoc, possesseurs de garrigues, vacants, etc., dans leurs droits, moyennant une somme que les États de la province donneront au roi, et que le jugement des commissaires sur lequel le Conseil de son S. A. S. fonde son avis, porte seulement, et en termes exprès, que les terres ouvertes dans les garrigues et vacants du consulat et juridiction de Bagnols seront reconnues au profit de S. M. et de S. A. S. sous la censive des terres voisines.... Tout en assurant Monseigneur le prince de Conti de son profond respect et de sa parfaite soumission, le conseil demande la protection du prince dont les illustres ayeux ont depuis longues années honoré la communauté.

Le 25 août 1733, le Conseil s'adresse au prince de Conti pour le prier d'agir comme jusqu'à ce jour : « Exempter la ville des gens de guerre. Les quatre

(1) Extrait des registres des conseils de S. A. S. Monseigneur le prince et de Mademoiselle la princesse de Conti. — M. Roussel, greffier de la communauté, lit les lettres des princes de Conti dont il deviendra l'agent.

compagnies qui actuellement sont une gêne pour les habitants pourraient être réduites à deux, lesquelles seraient conservées à l'hôtel de ville. »

— Le 8 septembre 1734, le maire dit que M. de Chabouillé lui écrit pour lui annoncer l'heureux accouchement de Madame la princesse de Conti. A l'occasion de la naissance du comte de la Marche, « le conseil délibère qu'il y aura des réjouissances publiques et vote 500 livres pour un feu de joie ». Autorisation sera demandée à Monseigneur l'Intendant pour le supplier de permettre d'emprunter cette somme. »

Il est à remarquer que la libéralité qui pousse les Bagnolais à dépenser 500 livres, en réjouissance pour la venue d'un nouveau maître, contraste avec le texte de la délibérat on qui suit :

— Le 3 octobre, – un mois plus tard — M. Delpuech, directeur des affaires du roi, propose à la communauté d'acquérir les charges municipales nouvellement rétablies. Il facilitera les moyens de se libérer en établissant un octroy ou subvention.

Le conseil refuse et dit que « la communauté se trouve très endettée, et les habitants très pauvres ; ce serait ruiner entièrement la ville que d'y établir la moindre subvention, les tailles même de l'année dernière n'ayant pas été payées au collecteur ».

Noble Henri Joseph de Barruel annonce, le 11 novembre, qu'il a plu au Roi de le nommer en la charge de conseiller du Roi, maire de la ville de Bagnols, et qu'en vertu des provisions reçues, il avait prêté serment entre les mains de M. Prat, subdélégué de Monseigneur l'Intendant. De Barruel demande à être installé et à prêter serment. (1)

---

(1) Archives B. B. 16, voir la teneur des provisions.

La nomination datée de Fontainebleau, 12 novembre 1734 et signée Phelipeau, rappelle les édits de création de maires et précise les droits, prérogatives, priviléges et exemptions. Le Roi donne ordre à M. de Bernage de s'enquérir si le futur maire est de la religion catholique, et s'il a l'âge voulu. Il le charge d'administrer tant qu'il plaira à Sa Majesté ; car tel est son bon plaisir.

Suit la teneur de l'ordonnance de M. Bernage de Saint-Maurice...... intendant de justice, police et finances en la province du Languedoc.

Ce haut fonctionnaire ordonne à son subdélégué au diocèse d'Uzès de procéder à l'installation, de rechercher si M. de Barruel étant de la religion catholique est un fidèle pratiquant. Cette assertion est appuyée par un certificat du curé de sa résidence, M. Rebeyrolis.

M. de Barruel assistera aux États de la province, sera installé un mois après les assises et jouira de tous les droits qu'avaient ses prédécesseurs.

— Défense à celui qui exerce actuellement le dit office dans la communauté d'en faire aucune fonction tant avant qu'après l'installation de M. de Barruel, sous peine de 3.000 livres d'amende, même défense et même menace à tous officiers de justice municipaux ou autres de lui apporter aucun trouble ».

La prestation du serment eut lieu entre les mains de Prat, conseiller, secrétaire du roi, maison, couronne de France, subdélégué de l'Intendant du Languedoc en la ville du Saint-Esprit (1).

A la même date, le 12 novembre 1734, le roi signe la nomination de M. de Caveyrac, ancien officier

(1) V. aux archives, *loc. cit.* Nous trouvons les mêmes titres pour la nomination du lieutenant du Maire, M. André Renaud-Saurin, bourgeois de la ville.

d'infanterie, premier consul. C'est donc pour l'année
1735 que cesse l'intervention du prince de Conti
dans la nomination des consuls et conseillers politiques.

C'est le roi qui prend et veut conserver ce droit. Au
mois d'Avril 1735, les consuls contestent à M. Emery,
agent du prince de Conti, le droit d'avoir inféodé le
coin de la rue derrière la tour de la porte de Bourgneuf, la rue appartenant à la communauté.

Supprimées en 1717, plusieurs charges municipales sont rétablies. Le roi nomme M. Joseph Fourcheut
procureur du Roi à Bagnols. Il est installé et prête
serment sur les Saints Évangiles, avec le même cérémonial solennel que pour les autres hauts fonctionnaires de la communauté.

Décidément la communauté n'a plus de paroles
affectueuses pour le baron, à preuve que le 25 septembre 1735, M. Eméry réclame les droits du prince
sur les pattis et vacants. « Le Conseil donne pouvoir
à MM. le Maire et Consuls d'écrire à Monseigneur
de Conti et lui représenter que ce qui est demandé
en son nom, appartient à la communauté, dont on veut
soutenir les droits, que ce ne sera qu'à regret que la
communauté sera obligée, pour soutenir son droit,
de plaider avec S. A. S. et que si le prince voulait
bien soumettre la décision de cette affaire à des
conseillers du Parlement de Toulouse ou de la cour
des aides de Montpellier, la communauté y souscri-
ra et en passera sur ce qui sera décidé. » Il sera fait
en cette occasion un mémoire raisonné.

Le prince semble s'obstiner dans ses réclamations
et veut attirer les débats à Paris. Le 5 février 1736, le
conseil répète le libellé de la délibération précédente
et demande Toulouse ou Montpellier.

Nous n'avons aucun document sur les élections de 1736 et 1737, mais dès le 1ᵉʳ janvier 1738, on présente de nouveau au Prince de Conti les rôles des quatre habitants de chaque rang, afin de choisir les consuls pour l'année, suivant l'usage pratiqué avant l'édit de 1733.

M. Caveirac, ci-devant premier consul par commission du grand sceau, a dit « que jusqu'à ce qu'il soit révoqué par les anciens consuls, c'est à lui à présider la présente assemblée et de faire le rolle des quatre habitants du premier rang pour remplir la charge de premier consul, sauf à la communauté à l'approuver ou le désapprouver suivant l'usage pratiqué avant l'édit de 1733. En sorte qu'il requiert qu'il soit délibéré. » M. Pinière de Clavin dit que « lorsque M. Caveirac fut pourvu de la charge de premier consul, il était lui-même premier consul par élection ; qu'il a assisté à toutes les assemblées et que c'est à lui à présider et non à M. Caveirac. »

M. Reynaud réplique et forme deux oppositions, il fournit des raisons écrasantes contre les deux premiers orateurs.

Enfin le conseil délibère que, pour trancher toutes difficultés, on va prier M. de Calme, juge royal, de se rendre au sein de l'assemblée et de présider à l'élection. Ce qui fut fait à l'instant même. On adressa la délibération au Prince de Conti. Elle portait que « celui qui sera nommé premier consul ayant son entrée aux États, aux années de tour, baillera à la communauté la somme de 600 livres pour être moins imposé. »

Après la réception de la missive du Juge royal, le prince fit connaître son intention par la lettre suivante :

« Paris, le 21 janvier 1738.

« J'ai vu, Messieurs, la délibération de votre conseil pour la nomination de vos consuls nouveaux. J'ai choisi dans ceux que vous proposez savoir :

« 1° M. Jean-Simon Gentil ; 2° M. Etienne Chambon; 3° M. Claude Ribière ; 4° M. Jean Soullier.

« Je souhaite qu'ils s'acquitteront dignement de ces emplois et qu'ils procureront à votre communauté tout le bien qu'elle peut désirer Je suis, Messieurs les consuls et habitants de Bagnols, votre meilleur ami.

L. F. de Bourbon. »

Les anciens consuls Rigaud et Degan déposent leur robe. Alors le juge-royal met le chaperon aux nouveaux élus et leur remet les clefs de la ville après qu'ils ont prêté serment et juré sur les saints Évangiles.

Peu après, l'agent du prince de Conti élève des prétentions sur le droit des poids et mesures ; le conseil conteste. Le prince persiste à poursuivre l'homologation du tarif. — On se résigne à plaider, mais la communauté veut consulter à Montpellier deux fameux avocats (le 18 janvier 1754).

Neuf mois plus tard, le conseil semble moins intraitable, il a compris que le procès serait onéreux et pour la ville et pour le prince ; aussi donne-t-il pouvoir à M. Jacques de Missol, chevalier de Saint-Louis, de transiger selon sa volonté et de traiter de l'établissement du tarif, assurant le prince de son respect et de son dévouement.

Le 1er Novembre 1755, le consul présente une lettre par laquelle M. Prat, subdélégué de l'intendant, demande en quoi consiste le droit de mesurage des grains qui se vendent au marché et comment il se perçoit. Après avoir vérifié les titres, le conseil délibère : «Que les commissaires députés par le roi pour connaître du fait du domaine, en cette province, auraient rendu ordonnance en ce contra- dictoire défense avec Mgr Louis-François de Bour- bon, prince de Conti, co-seigneur avec Sa Majesté de cette ville et engagiste du domaine de la baron- nie et viguerie dudit Bagnols qui maintient le sei- gneur prince en sa dite qualité au droit de Leude (1) et de poids et d'avoir seul des mesures publiques dans la ville et que le droit de Leude se trouve fixé par une transaction du 30 octobre 1647, reçu par M° Jean Pélissier, notaire en cette ville, à un bois- sel par salmée de tous les grains que les habitants vont acheter sur le territoire ou pour le revendre... de même que les grains que les étrangers appor- tent en cette ville pour y être vendus ; les habitants étant exempts de payer aucun droit de leude pour tout le blé qu'ils recueillent sur le territoire et même hors, et même le blé que les habitants achètent pour leur usage propre ;... le droit n'est payé qu'une seule fois pour quelque vente ou revente que ce soit. — Que le droit de mesurage ne se trouve établi par aucun acte et que ce droit qui est deux sols par salmée est un droit de peine, que les étrangers pour faire mesurer leur blé aux mesureurs publics payent, que ces deux droits sont actuellement sous-affermés aux sieurs Maret et Roulet, par acte du 23 Octobre 1731, au prix de 2.350 livres. — Il est difficile de distinguer le droit de Leude d'avec ceux de poids et mesurages.... qu'il se tient, chaque semaine, à Bagnols, un marché le mercredi

(1) Leyde ou Leude, était un droit qui se percevait sur les blés et grains exposés en vente aux foires et marchés des seigneurs. Le mot Leyde vient d'un mauvais mot latin qui signifie toutes sortes de prestations féodales. (V. le Dict. de Ducange).

et trois foires, les 6 mai, 12 juillet et 23 novembre, accordées aux habitants par les rois François Ier, Henri IV et Louis XIV, le 24 août 1706 ; pendant la tenue desquelles foires, toutes les marchandises et denrées sont exemptes de droits et que les mêmes franchises doivent avoir lieu pour les marchés du mercredi. Cependant, par un usage contraire, on paye les droits les jours de mercredi. »

Le 25 Novembre suivant, en vertu d'une ordonnance de M. l'Intendant, un emprunt de 200 livres est voté pour frais du procès engagé avec le prince de Conti au sujet des poids et mesures. La délibération cite le nom des dix plus aisés, lesquels, seront contraints, par les voies de droit, à faire l'avance de la somme, qui sera remboursée avec intérêt par imposition.

Les élections consulaires ont lieu, le 28 décembre 1755, sous le patronage du prince de Conti, en vertu d'un arrêt de 1754 qui les rétablit comme elles avaient lieu avant l'édit de novembre 1733.

M. Chambon, procureur fiscal de M. le Prince de Conti, s'adresse, le 14 septembre 1756, au maire pour savoir si les quatre nouveaux consuls acceptaient leur charge. Il a été délibéré que les élus sont de très bons sujets, gens dignes et n'ayant pas de raison pour se dispenser d'être consuls.

Le maire est prié d'écrire à M. de Mérar afin qu'il supplie Son Altesse de nommer quatre consuls de cette ville, sur la liste qui lui a été envoyée, vu la nécessité, n'ayant actuellement qu'un consul. Il est à remarquer que, lors de la création des consuls pour 1757, le texte de la délibération présente une forme de déférence obséquieuse très développée.

La communauté voulait se faire pardonner auprès

du prince sa persistance obstinée à plaider contre son seigneur. Nous y trouvons ces mots : « La communauté n'entend nullement donner atteinte aux droits de S. A. S. au sujet des nominations, la suppliant très instamment, dans le cas où elle trouverait à propos que les consuls proposassent des sujets selon l'usage, pour en être choisis quatre, de faire connaître ses volontés, que la communauté est disposée de suivre en tous points pour les personnes qu'il plairait à S. A. S de nommer fussent installés le 1er janvier prochain, conformément à l'ancien usage. »

Le 11 août 1757, le sieur J.-B. Rigaud étant, par le roi, nommé maire alternatif et mytriennal, demande à ce qu'on lui rende les honneurs dus à sa charge, que le consul le suive à l'église où un *Te Deum* sera chanté solennellement. Les consuls et le conseil refusent et protestent ; ils ne veulent procéder à l'installation que le 6 décembre prochain, jour légal où, d'après les provisions, le sieur Rigaud a droit à siéger comme maire. Opposition du sieur Rigaud par voie d'huissier et ordre de délibérer et de procéder à l'heure même à l'installation, sous peine d'être poursuivi selon la loi.

Le conseil demande à voir les titres, lesquels passent entre les mains de M. Saurin, premier consul, lieutenant du maire, et sont déposés sur le bureau ; mais M. Rigaud, invité à se retirer afin de laisser la liberté du vote, prétend ne vouloir pas perdre de vue ses provisions (s'en dessaisir), il les emporte et laisse ses conseillers libres.

Cependant le conseil délibère : par respect pour les provisions, il était prêt à les enregistrer, si le sr Rigaud ne les avait pas enlevées. Pourtant cette nomination est contraire à la loi, puisque M. Rigaud a dans sa maison même des moulins à soie ; qu'il achète et vend en détail de la soie et de la bourre de soie ; qu'il fait une filature dans sa maison. Il n'est donc pas en état d'exercer la charge de maire, l'article 57 de l'édit de décembre 1706 exclut les marchands en détail, et n'admet pour cet exercice que les marchands en gros. — Qu'il ne peut prétendre d'avoir ce premier rang et de présider le conseil ; que de tout temps on a, ici, été extrêmement jaloux de n'admettre au premier consulat que des gentilshommes, des avocats et des bourgeois vivant noblement; que les marchands de soie ont toujours été au second rang ; c'est écrit dans les arrêts du Parlement de Toulouse du 18 septembre 1550, 1608 et 1617 sur le consulat de la ville de Bagnols.

L'assemblée se passionne pour soutenir sa dignité; elle invite M. Rigaud à renoncer à la qualité de marchand s'il veut être maire ; d'ailleurs son père lui en a donné l'exemple. Il a acheté la mairie et lui a fait don de cette charge ; mais pendant que le père exerçait comme maire, le commerce était sur la tête de son fils. Ce dernier veut cumuler, le conseil le met en demeure de se décider dans les huit jours : « à rester commerçant ou à devenir bourgeois et passer au premier rang. » Il est convenu que la délibération doit être ratifiée par le conseil complet.

Le 21 août, dix jours plus tard, séance orageuse. Les têtes s'étaient échauffées et les antagonistes de l'élu osent dire de dures vérités à l'ambitieux prétendant. — On refuse obstinément comme maire le sieur Rigaud, âgé de 35 ans, homme d'un caractère intraitable, qui a trois décrets de prise de corps contre lui, pour des faits graves ; qui a une réputation douteuse et qui,parce qu'il est marchand de soie en détail, n'est pas digne d'occuper le premier rang, la place étant due aux gentilshommes; qu'avec lui, le titre de maire serait avili. Le contrôleur général est chargé de porter la supplique aux pieds de S. A. S. à qui la nomination des consuls est dévolue, et non pas au Roi.

Une agitation profonde règne dans la cité. Le dimanche suivant, 28 août, le conseil se réunit et délibère : d'abord une petite cause, puis un grand débat.

M. Saurin, lieutenant du Maire, avait ordonné à Braïn, trompette, de faire une publication par la ville. Cet employé refuse et dit aux conseillers que M. Gentil, maire et ancien *mitriennal*, lui avait défendu d'obéir, le menaçant de le casser. Ces tiraillements entre citoyens ayant des titres officiels plus ou moins authentiques forcèrent le conseil à porter plainte au seigneur de Bagnols , afin qu'il continue sa haute protection et qu'il emploie toute son autorité à faire cesser les altercations des maires qui troublent les fonctions des consuls et du conseil de la communauté. Ils ajoutent : qu'il leur a été affirmé que, dans les dernières altercations , son concours avait été précieux, et, dit le texte : « nous supplions S. A. S. de vouloir bien rendre,à l'avenir, publiques les marques qu'elle daignera nous donner de sa protection, attendu que l'on nous a tenu caché les dernières qu'il a plu à S. A. S. nous en donner, n'en ayant eu connaissance que par des voies indirectes... »

Dans le compte-rendu de la séance du 22 septembre,nous trouvons de longs détails où la personnalité du Prince de Conti est en jeu. On revient sur la

propriété des vacants et garrigues que le Prince
croit avoir le droit d'inféoder. Les fermiers les ont fait
publier en son nom. Ce procédé indigne la communauté (1). Aussi a-t-il été délibéré unanimement :
que la propriété des vacants était irrévocablement
acquise à la communauté par des lettres respectables
qui remontent au XIII° siècle, et à un temps bien
antérieur à l'acquisition que le Roi fit, en 1312, de la
sixième partie de la juridiction de cette ville ; —
que les communautés de la province du Languedoc
furent maintenues par le Roi, en 1555, dans la possession et usage des vacants et garrigues ; qu'en
l'année 1686, il s'éleva des contestations entre Son
Altesse Sérénissime le Prince de Conti, M. le Procureur du Roi et la communauté, au sujet des droits
que le Roi et le Prince réclamaient sur la ville. Le
jugement établit ce qui appartenait au seigneur. Le
libellé, conclut à ce que suivant la déclaration de Sa
Majesté, les terres ouvertes fussent reconnues au profit du Roi et du seigneur prince et les droits payés
par les redevables.

Sa Majesté n'a pas entendu dénaturer les garrigues, qui appartenaient aux communautés, mais par
cet édit le Roi voulut se procurer une censive (2),
sur les terres qui seraient ouvertes dans les garrigues. Le jugement du 16 novembre 1686 dit for-
mellement que tous les vacants du consulat et juridiction de Bagnols seront incessamment reconnus
au profit de Sa Majesté et du Prince de Conti, sous
la censive des terres voisines de proche en proche
selon l'usage commun en province. Ce jugement ne

(1) Lire aux archives de Bagnols (B. B. 22) l'exposé, au registre
des délibérations.

(2) La censive était une redevance payée annuellement au seigneur d'un fief.

dépouille point la communauté de Bagnols de ses
garrigues et de ses vacants, il ordonne seulement que
lorsqu'ils seraient en friche, on doit les reconnaître
au Roi et au Prince de Conti, sans accorder ni à l'un
ni à l'autre le privilège et l'inféodation, ce qui nui-
rait à la communauté de Bagnols, attendu que ces
terres sont nécessaires au pâturage des bestiaux.

Un titre de 1688 précise que la communauté a
obtenu des titres d'amortissement de Sa Majesté.

Le conseil demande pourquoi les fermiers du
Prince veulent anéantir les garrigues, et il exprime le vœu que le seigneur de Bagnols impose
silence à ses subalternes intéressés.

Sur la demande concernant l'*ensaisinement* (1) il
été unanimement délibéré, que nos seigneurs les
commissaires du Roi pour la revente de son domaine
ayant vendu à Son Altesse S. Mgr le Prince de
Conti, le 16 septembre 1700 (2), à titre de propriété
incommutable et généralement tous les droits seigneuriaux que le Roi avait dans cette ville, le contrat
de vente et d'inféodation a été confirmé, par lettres
patentes de novembre 1700, qui ont été enregistrées
au parlement de Toulouse, et à la chambre des
comptes de Montpellier. Postérieurement a cette
inféodation, le Roi a ordonné, par les édits de 1701 et
1705, l'ensaisinement des titres de propriété des
possessions relevant de la directe de Sa Majesté.

Son Altesse Sérénissime Mgr le Prince de Conti,
en 1733, a fait renouveler son terrier, tant des em-
phitéotes (3) que S. A. S. a, du chef du Roi, sans

(1) Terme de la Féodalité. Ensaisiner, c'est reconnaître par un
acte le nouveau tenancier, le mettre en possession.

(2 Voir la notice de François-Louis de Bourbon, prince de
Conti : lettres patentes du Roi données à Versailles etc., etc.

(3) Bail à long terme.

exiger le droit d'ensaisinement, qui n'est pas dû.
Mais d'ailleurs quels droits prétendent exercer les
fermiers du Prince, en demandant l'ensaisinement ?
Serait-ce le droit de ruiner les pauvres habitants de
Bagnols, sans aucune sorte de profit, ni pour S. A. S.
ni pour eux-mêmes ; puisque, suivant l'article 5 de
l'édit de décembre 1727, l'ensaisinement est un
droit, qui ne peut être fait, que par les receveurs
généraux, et légalement contrôlés ; les fermiers
de S. A. S. qui n'ont aucune de ces qualités ne peuvent point réclamer le droit d'ensaisinement, un
défaut de qualité les en exclut, et s'ils forment
quelques demandes à cet égard, on les repousserait
avantageusement par un défaut de pouvoir, car ils sont
absolument hors d'état de le prouver. On le répète :
ce droit d'ensaisinement n'est pas dû et, fût-il dû,
ce dont on a garde de convenir, il ne serait jamais
dû aux fermiers du prince.

— 6 Janvier 1760. — M. Et. L⁸ Chambon, avocat,
agent de S. A. S., déclare avoir reçu du Prince de
Conti la nomination des nouveaux consuls ; mais le
conseil délibère : « qu'il est jaloux de ses prérogatives, et que, l'année dernière même, le titre avait
été directement adressé aux maires et aux consuls.
On ne comprend pas ce manque d'égards. Messire
Magnin de Gaste est désigné pour le premier rang
et M. Bernard, marchand-droguiste, pour le second.

Les détails qui vont suivre sont de nature à piquer
la curiosité du lecteur, car celui-ci fera le parallèle
des usages de cette époque avec ce qui se passe de
nos jours. Nous résumerons le récit de notre chroniqueur.

Comme on le pratiquait depuis de longues années,
chacun de MM. les Consuls allait prendre son suc-

cesseur afin de procéder immédiatement à l'installation, lorsqu'on apprend qu'un acte venait d'être signifié à la communauté par le s^r Bernard, père, qui se prétend être exempté du consulat, par la qualité de débitant de poudre à giboyer, et ayant d'ailleurs le change pour le roi en cette ville.

Cet acte devra être envoyé au Prince de Conti, afin que son conseil décide si les raisons alléguées sont valables, et qu'il statue, sur un changement proposé dans la personne de J.-Pierre Borie, bourgeois et ancien marchand-droguiste.

M. de Volle, premier consul, les secrétaires et les valets de ville sont sortis pour aller chez les nouveaux élus, qui seraient tous venus, à l'exception de M. de Gaste dont on n'a trouvé que le domestique, lequel aurait donné à entendre que son maître refuserait la charge. Les intérêts de la communauté demandent que la nomination soit faite. Ainsi une sommation sera signifiée à M. de Gaste de se rendre, dimanche prochain, à une heure après-midi, pour prêter serment, et qu'en cas de refus, on procédera à la nomination, par le conseil même de la communauté, et la communauté se pourvoira par devant qui de droit, pour le contraindre à venir.

Le 13 janvier, le conseil politique propose d'installer les nouveaux consuls élus par le Prince de Conti, mais M. de Gaste refusant obstinément, parce que, dit-il, il n'habite pas la ville, on délibère de le forcer à accepter sous peine « de payer tous les dépens, dommages et intérêts que la communauté pourrait souffrir, desquels il serait personnellement responsable. » Le même jour, en la personne du second consul, M. de Gaste signifie son dire et proteste contre sa nomination : « Quant aux fonctions

publiques, il n'en veut remplir aucune. » Le conseil
ne tient nul compte de l'acte de protestation, et fait
sommer le s^r de Gaste de se trouver « aujourd'hui au
présent jour, lieu, heure, pour prêter serment et
être installé. » Le premier consul lieutenant du
Maire, agissant donc au nom de la communauté,
force M. de Gaste à remplir les fonctions de premier consul et faire son affaire propre, « voulant, la
communauté, que la nomination faite par S. A. S.
Mgr le Prince, sorte à son plein et entier effet. »

Le Prince de Conti revient sur sa détermination,
puisque, le 7 février, on rappelle un acte du 10 décembre, signifié à MM. les Consuls ; acte par lequel M.
Pierre de Charrier se prétend exempt de la nomination du Consulat, par la qualité de seigneur direct
des Moissardes, quartier et terroir de Bagnols.

Le conseil décide qu'il n'y a pas lieu de délibérer,
mais si à l'avenir M. de Charrier était nommé au
Consulat, c'était à lui à faire valoir ses droits. Dans
la même séance, a comparu M. Chambon, agent du
Prince. Il donne avis qu'acceptant les motifs allé-
gués par M. de Gaste se disant fréquemment absent
de Bagnols et ne pouvant pas efficacement s'occuper de la chose publique, S. A. S. a choisi M. Pierre
de Charrier de Moissard. Aussitôt le premier consul
est allé solennellement complimenter le remplaçant élu. M. de Moissard a voulu en personne
expliquer ses raisons au conseil et il a affirmé qu'il
aurait accepté l'honneur du Consulat, avant que le
Prince ne l'eût offert à M. de Gaste, dont les motifs
de refus n'étaient point admissibles, puisque toutes
les personnes du premier rang ont des campagnes
éloignées de Bagnols et y passent un partie de
l'année.

M. de Volle a repris le cas de M. Bernard père.
On désigne M. Laudrau, second consul, pour l'aller
complimenter. Bernard refuse encore, et dit ne vouloir pour rien au monde enfreindre les ordres du roi.
Il aimerait mieux soutenir un procès. C'était un refus
formel.

Il a été donc délibéré alors qu'on s'adresserait
humblement au prince pour le prier de maintenir la
première ou la seconde nomination, et de forcer ou
M. de Gaste ou M. de Charrier à accepter la charge,
car ce serait un exemple préjudiciable aux intérêts
de la communauté ; bientôt chacun chercherait des
prétextes afin d'éviter une charge trop lourde. Quant
à Bernard, il faut qu'il se soumette : on le poursuivra
rigoureusement, des pouvoirs ont été donnés aux
consuls pour agir à la cour des aides de Montpellier.

Les affaires municipales se menaient avec promp-
titude. Il y avait urgence, car la vie publique des
Bagnolais s'écoulait dans une agitation fiévreuse
préjudiciable aux intérêts de tous. Le 2 mars, il est
dit que, puisque on ne peut agir contre M. de Moissard, pouvoir a été donné d'intervenir en instance
contre le sieur de Gaste, et si ce dernier refuse
une demande sera adressée à M. l'Intendant pour
obtenir la permission de plaider et pour emprunter
la somme nécessaire au procès.

Le Parlement de Toulouse fut saisi de l'affaire par
le prince de Conti et par le Conseil. MM. de Gaste
et Bernard furent contraints d'accepter leur installation, prestation de serment, la robe et le chaperon :
tout se passa selon l'usage, le 9 mars. Quinze jours
plus tard, les consuls présentèrent les membres du
conseil politique. Ce sont eux, en effet, qui forment
la nouvelle assemblée, sous l'agrément cependant de

l'ancienne, qui a le droit de proposer les moyens de refus contre les nouveaux conseillers élus, s'ils ne paraissent pas admissibles à la communauté.

Les quatre consuls choisirent donc, chacun dans son rang, six personnes marquantes.

Faisant trève aux débats municipaux, nous franchissons quelques mois et arrivons au 16 novembre, au moment où les boulangers de Bagnols sont en guerre avec le prince de Conti.

Pendant ce laps de temps, les journées de nos conseillers politiques avaient été fructueusement employées.

Le roi venait d'adresser à « son bien-aimé » Gilbert Pichon des lettres de maîtrise de barbier, perruquier, baigneur et étuviste de la ville de Bagnols (1).

Le trésorier des revenus casuels avait perçu le coût du droit de maîtrise, d'abord 7 et puis 70 livres.

Louis XV faisait de l'argent de tout. Le baron de Bagnols, par ses agents et malgré l'expression de basse courtisannerie des consuls libellant leurs suppliques, exploitait le pauvre peuple qui commençait à protester. Nous allons résumer le cas des boulangers.

Les boulangers et les sous - fermiers du baron étaient en procès parce qu'ils refusaient de payer le droit de Leude pour le blé par eux acheté les jours de foire, tant au dehors qu'au dedans de la ville. Jugement fut obtenu contre eux. Ils furent condamnés. La Cour déclara que le privilège des franchises des trois foires, dont la ville a joui sans trouble et sans interruption depuis le moment de l'établissement, se trouverait totalement supprimé, ce qui serait contraire :

(1) Archives de Bagnols BB, 21 juin 1760. Délibération et lettres de maîtrise accordées par le Roi.

1° A l'esprit de la lettre de confirmation de l'établissement des trois foires (édit de novembre 1592), où il est dit que, pendant les trois jours que doit durer chacune de ces foires, tous les étrangers peuvent venir vendre, acheter, échanger toutes sortes de marchandises, jouir et user de tous les privilèges, exemptions, franchises et libertés que l'on a accoutumé d'avoir aux autres foires du Languedoc ;

2° A la concession expresse du 9 août 1593 par laquelle Henri de Montmorency, baron en seul de cette ville, représenté par S. A. S. le prince de Conti, confirme ces mêmes foires et accorde les mêmes privilèges aux habitants ;

3° A la transaction passée entre Mme Charlotte-Marguerite de Montmorency, douairière de Condé, et la communauté, le 30 octobre 1647, où il n'a rien été innové ;

4° Au dénombrement fourni par la communauté le 13 février 1685, où il est répété que Bagnols a droit d'avoir trois foires et de jouir de tous les privilèges ;

5° Aux lettres d'amortissement du roi ;

6° Aux lettres-patentes obtenues, en octobre 1706, par Armand de Bourbon, prince de Conti.

Le Conseil, délibérant sur le préjudice qu'une pareille suppression porterait aux habitants, a unanimement donné pouvoir à MM. les Consuls de supplier très humblement et très respectueusement le prince de Conti d'étudier cette affaire qui intéresse la communauté.

C'est ici une question de droit et non point un plaidoyer en faveur des boulangers, qu'il faudrait punir s'ils abusaient et commettaient quelque fraude.

Le Conseil ne voudrait pas enlever la franchise parce qu'il est trop jaloux de conserver la puissante protection du prince. Ce motif seul attire les jours de foire beaucoup d'étrangers qui, par suite, font des affaires considérables.

Encore un abus à réprimer. En raison des plaintes portées contre les fermiers des fours bannaux, le premier consul fait délibérer le 6 janvier 1761. Il rappelle le règlement des droits de fournage que précise une sentence arbitrale du jour avant les calendes de novembre de l'an 1208. « De tout le pain qui se cuira dans les fours des seigneurs, on ne pourra exiger que la vingtième partie, « le vingtin. » Augustin Malignon, fermier, fut « mandé-venir, » et il entendit la lecture de la sentence et de la délibération adressée au prince pour le prier d'interposer son autorité afin d'empêcher de plus graves abus et à l'avenir des concussions regrettables.

La leçon ne servit de rien, paraît il, puisque, quatre mois plus tard, le Conseil se vit forcé d'envoyer au prince de Conti la délibération de janvier et de demander la cessation des abus criants. Le fermier des fours ne se contentait pas du vingtième, mais il voulait introduire un usage abusif et prenait pour droit de cuite 1 sol et 6 deniers.

Le récit suivant prouve qu'il s'était glissé déjà dans les masses un esprit d'indépendance et d'insubordination à côté d'un amour bien légitime de la liberté : c'est une marque d'indiscipline donnée par un subalterne qui s'appropriait, à sa façon, le mot du grand roi : « La *commune*, c'est moi. »

Voici le fait :

Afin d'arrêter une concussion trop flagrante et de tenir le public en éveil, les consuls avaient fait publier par un trompette la défense formelle faite au fermier de demander un surplus de ce qu'il appelait le droit.

Mais Gilles, employé insoumis, refusa. Le Conseil voulut garder son autorité, et le trompette désobéissant fut enfermé en prison pendant vingt - quatre heures. On le menaça de plus grande peine en cas de récidive.

Il est piquant de lire les longs détails de l'insubordination de Gilles. Le Conseil le prend au sérieux et le menace de la justice du roi. Il refusa obstinément de rendre son habit de livrée et de quitter le logement qu'il occupait à l'Hôtel de Ville (1).

Dans la délibération du 20 septembre 1761, nous voyons que M. Constant, qui s'est absenté du Conseil sans excuses légitimes, a été condamné à payer l'amende conformément à l'ordonnance de l'intendant. Pendant la séance, il est encore question des valets de ville mandés au sein du Conseil afin d'être entendus. M. Gentil, maire, un maître absolu, dont les actes autoritaires commencent à se révéler, exige l'exécution rigoureuse du règlement. Il emprisonne les serviteurs subalternes et veut qu'aucune convocation, au son de la cloche, ne soit faite que par son ordre.

Le témoignage des valets de ville est écrasant, aussi lisons - nous au registre des délibérations BB, 23 :

« Attendu que pareille conduite de la part du sieur Maire porte un préjudice notable à l'administration des affaires de la communauté, il a été donné pouvoir à MM. les Consuls de prendre tous les moyens convenables pour arriver à la cessation de ces trou-

______

(1) Puisque nous parlons de trompette, rappelons la délibération du 18 janvier. Braïn avait un instrument hors d'usage et qui ne lui appartenait même pas. Le conseil fit estimer le vieux cuivre, T..., chaudronnier, l'évalua à 7 livres.

bles. » Le Conseil approuve d'avance tout ce qui sera
fait dans ce but.

Le 27 septembre 1761, le premier consul dit qu'il
vient d'apprendre que le corps des maîtres-chirurgiens de Bagnols s'est adressé à M. le premier Chirurgien du roi pour demander un lieutenant. Il y a
urgence, puisque le sieur Mayet, un des maîtres de
ce corps, pourvu de la charge de lieutenant, vient de
mourir. De Paris, M. Le Blond, secrétaire, aurait
répondu aux intéressés que bien que de tous temps
« cette charge ait eu lieu dans le corps, » M. le premier Chirurgien ne pourrait néanmoins consentir à
accorder de nouvelles provisions, parce que la déclaration du 3 septembre 1736 porte expressément que
les villes, dans lesquelles le premier chirurgien a
droit de commettre des lieutenants, doivent avoir
archevêché, évêché, baillage ou sénéchaussée, que
la ville de Bagnols n'est point dans ce cas. »

Le Conseil se montre surpris de cette réponse,
« attendu qu'en 1753, le sieur Fousse avait été pourvu
de la lieutenance sans que l'on puisse établir qu'il y
ait eu alors un corps de maîtres-perruquiers, puisqu'ils n'étaient que deux, y compris ledit Fousse,
lieutenant ; au lieu qu'il y a aujourd'hui sept maîtres
et trois postulants et aspirants. » Le Conseil ajoute
que, si cette suppression avait lieu, le corps des maîtres-chirurgiens se verrait anéanti, Bagnols ne pouvant avoir à l'avenir que des maîtres peu capables
reçus dans les villes voisines, sur deux simples exa-
mens et non sous les yeux de plusieurs maîtres dis-
tingués, dont notre ville a toujours été pourvue,
« qui ne les ont jamais reçus qu'au grand chef-d'œuvre ; » que d'ailleurs il naîtrait de là une grande
« incongruité, » qu'il est de la dernière importance

à la communauté d'éviter ; que le lieutenant des maîtres-chirurgiens de la ville d'Uzès, — où il y a un évêché, — n'a jamais été plus considérable, ni eu un corps de maîtres aussi nombreux, — ne manquerait pas de troubler le corps de Bagnols, et s'il y réussissait, il réduirait la ville à cet égard sur le pied du moindre village. »

Le premier consul rappela que lors de la création des deux offices d'inspecteur et contrôleur de la communauté de ce corps par édit du mois de février 1745, la jurande fut parmi eux établie et qu'il fut conséquemment établi un greffier en titre de la lieutenance qui pour lors était annexée au corps ; que pour les villes de Beaucaire, Mézières et Pithiviers, le roi avait dérogé à la déclaration de 1736, et qu'il est dangereux que notre ville soit livrée à des chirurgiens sans étude et sans expérience.

Voici le dire pompeux de l'assemblée :

« Le Conseil demande de rétablir un lieutenant du premier chirurgien du roi à Bagnols, ville importante de près de 8.000 habitants, siège d'une viguerie royale, à laquelle 50 ou 60 juridictions ressortissaient par appel, et dont les sentences rendues sur les matières éditales sont jugées souverainement par le Présidial de Nimes, les chirurgiens de Bagnols ayant même le droit de recevoir tous les chirurgiens des différents villages de la viguerie. »

Ensuite le Conseil fait sonner bien haut ses titres de gloire :

« Le Sénéchal et Présidial de Nimes ont tellement regardé Bagnols comme une des villes les plus considérables de leur département, qu'en différents temps, les officiers de ces deux cours y ont établi leur assise et leur siège. L'Histoire de Nimes et les Archives de notre Hôtel de Ville font mention de cette résidence.

« Bagnols est une principale ville de la province après Toulouse, Carcassonne, Narbonne, Béziers, Montpellier et Nîmes. Elle députe d'ailleurs à l'assemblée générale des États. MM. les Commissaires du diocèze la regardent encore supérieure à la ville d'Uzès, puisqu'ils lui imposent de plus fortes taxes de capitation et de vingtième »

La délibération est envoyée à Paris afin que le secrétaire du roi sollicite cette grâce de Sa Majesté.

Mais pourquoi ne pas raconter ici des faits qui dépeignent si bien les mœurs du temps et l'état des esprits à cette époque où couvait déjà le ferment révolutionnaire ? Types aujourd'hui surannés, nous verrons un magistrat autoritaire jusqu'à la dernière limite, un groupe de la classe moyenne, qui aspire au pouvoir, un valet insolent, un autre platement docile selon l'occasion.

En septembre, le conseil inflige une amende à quatre conseillers absents sans raisons légitimes. Nous lisons au registre que le Maire avait fait « fourrer en prison » un valet de ville, qui, sans lui demander la permission, était allé à Uzès, porter au syndic du diocèse, une lettre pour que ce dernier donnât des instructions sur la capitation. Barimel raconte aux membres de l'assemblée qu'il avait obéi aux ordres des consuls. L'autre valet de ville, Darboux, assure que le maire lui a toujours défendu de convoquer aucune réunion sans son ordre et sans son consentement.

— « Quand les consuls, dit M. Gentil, me les demanderont dans les formes, je les leur permettrai. Il faut qu'un consul vienne chez moi, dans ma maison en chaperon et suivi d'un vallet de ville pour les demander et les obtenir. »

Une délibération du 11 octobre 1761 donne des détails curieux sur les différends entre le maire Gentil et les consuls. Le premier magistrat use et abuse de son omnipotence, il fait mettre en prison les valets de ville qui obéissent plutôt aux consuls qu'au maire, l'assemblée soutient l'autorité des quatre élus du prince de Conti.

Peu de jours après, on apprend la nouvelle du passage de M. de Fitzjames, commandant en chef du Languedoc. Le conseil veut lui rendre les honneurs dus à son rang. On organise une compagnie de garde à cheval et une autre à pied ; on vote pour envoyer à Avignon un valet de ville qui achètera des *timbales* et des *trompettes*. Bientôt le maire apprend ce nouvel ordre et défend le voyage en menaçant le valet de la prison. M. Gentil est en guerre ouverte avec les consuls ; il fait faire une proclamation par un valet destitué, le fameux Gilles, auquel il ordonne de reprendre l'habit consulaire. Une heure après, un huissier, par ordre des consuls fait mettre en prison le dévoué du maire. A l'instant, ce magistrat va à la prison royale faire sortir son serviteur qui continue la proclamation incriminée. Encore une seconde fois les consuls font reprendre Gilles et le ramènent en prison. L'assemblée est dans une agitation que ne supporte plus la communauté. On délibère de porter plainte au duc de Fitzjames, car les troubles occasionnés par le maire jettent dans la ville une perturbation indicible.

Mais M. Gentil, comprenant sa position délicate à Bagnols, se rend à Pont-Saint-Esprit, à l'avance du Duc, afin d'être le premier à l'entretenir des affaires de ses administrés. A leur tour, les consuls délèguent des députés pour aller plaider en leur faveur. Une déception attendait tous les visiteurs empressés, car, sagement, le gouverneur du Languedoc refusa d'entendre et les uns et les autres, ne voulant point, dit-il, que le premier acte de son administration, en entrant dans la province, eût un caractère autre que celui de la parfaite conciliation.

Un *verbal* du mardi 29 juin 1762 donne le narré d'un épisode qui fait grand honneur à notre noblesse et à notre bourgeoisie d'alors. C'est à l'occasion d'une émeute provoquée par l'arrivée de cent quarante contrebandiers, ayant avec eux un grand nombre de mulets chargés de tabac. Ces brigands donnèrent l'alarme dans la ville, on ferma les portes. Leurs chefs parlementèrent avec les notables ; bousculades de crosse de fusils, coups dé sabre et de pistolet, vociférations menaçantes, toutes ces intimidations ne fléchirent ni M. de Baruel de Beauvert, ni M. de Sibert de Cornillon, ni l'avocat Tron qui bravaient le danger. Chacun était à son poste, arrêtant l'élan furibond de ces hommes hideux, tâchant de calmer, de persuader les brutaux qui venaient d'envahir la ville. Aussi la belle conduite de ces citoyens dévoués fut-elle louangée par le conseil, dont le témoignage approbatif fut consigné au registre, comme un titre à la reconnaissance publique. « La belle action de ces hommes de cœur doit être sauvée de l'oubli, elle est d'un bon exemple. »

Le conseil émet, en outre, le vœu qu'il sera demandé au prince de Conti et à l'Intendant des troupes pour mettre en sûreté les particuliers et les caisses publiques. M. de Leuzière, receveur du grenier à sel, qui restait près la porte des Peyrières envahie, fut longtemps en danger.

Encore les tracasseries interminables du maire. Le 24 octobre 1762, Gentil fait, par voie d'huissier, signifier aux consuls la demande d'une procuration pour l'entrée aux États en sa qualité de maire ancien mitriennal.

Le conseil refuse, attendu que la communauté est en procès avec lui et qu'en homme turbulent, il manque de déférence envers le parlement de Toulouse qui, par arrêt du mois de février 1757, lui fit défense de troubler les consuls prédécesseurs, et lui ordonna de les reconnaître. Le s^r Gentil n'ayant pas plus d'égard pour les droits du prince de Conti, baron de Bagnols, qui en cette qualité nomme les consuls, lesquels, tous, depuis l'époque de l'arrêt cité, émanent de S. A. S., le conseil donne pouvoir à MM. les consuls de porter une seconde plainte au parlement sur la désobéissance du s^r Gentil à l'arrêt précité.

Le procès des boulangers n'a pas pris fin (21 novembre 1762). Par la requête présentée à M. l'Intendant, les consuls demandaient à être autorisés à se défendre à l'assignation donnée par lo Prince de Conti devant le Parlement de Paris. C'était toujours à propos du droit de Leude.

La communauté demande un sursis pour préparer les pièces nécessaires et les envoyer à Me Allier, avocat à la Cour des aides de Montpellier, afin de consulter un avocat de Paris.

Un mois plus tard, les industriels ayant fait réflexion, présentèrent une requête au conseil, dans le but de se soumettre, car ils n'étaient pas assez riches pour soutenir un procès qui achèverait de les ruiner. Ils protestent cependant avec énergie et nient le droit seigneurial ; d'autre part, la communauté, tout en renouvelant l'expression de son attachement respectueux envers le Prince, prétend ne pouvoir se désintéresser de la cause des boulangers et persiste à conserver intacts les droits de franchise les jours de foire et de marché. Le conseil ajoute que « la soumission spontanée est préjudiciable aux intérêts de tous et ne veut point s'y associer par un vote approbatif. »

Le Prince de Conti devait garder rancune à la communauté : aussi en janvier 1763, les consuls s'adressèrent-ils à S. A. S., pour lui demander très humblement, en termes respectueux, la cause de son silence. On n'avait pas eu de réponse à la présentation annuelle des candidats.

A cette même séance, il fut rappelé que le maire avait de nouveau fait mettre en prison un valet de ville très estimé dans le pays, et cela parce que ce serviteur, plein de zèle, obéissait aux consuls : toujours même grief, toujours même punition.

Le registre 24 donne les détails de ce conflit : la soumission de l'employé, la sévérité brutale du maire, qui ne connaît, dit-il, ni consuls, ni conseillers. On délibère à l'unanimité que :

« Vu la continuation des troubles et tracasseries suscitées par le maire, il sera de nouveau porté plainte au parlement sur l'attentat du sieur Gentil à l'autorité de cette cour souveraine que le maire ne cesse de méconnaître en méprisant les arrêts qui en émanent. »

Décidément, par esprit de caprice, l'ex-valet Gilles, soutenu par le maire Gentil, ne veut pas sortir ses meubles de son appartement à l'Hôtel-de-

Ville ; il use l'habit de livrée consulaire. Cette personnalité devenue importante, par l'appui du premier magistrat, occupe d'elle le conseil politique, qui adresse une requête au sénéchal de Nimes et à l'Intendant du Languedoc. Aujourd'hui, un commissaire de police serait la seule autorité administrative qui résoudrait cette grave question.

A la séance du 4 avril 1763, le sieur Darboux est appelé au sein du conseil pour rendre compte de sa visite au maire. M. Gentil était à Artifel : dès que le valet de ville lui eut expliqué qu'il était venu la veille, par ordre des consuls, lui demander la convocation de l'assemblée pour le lendemain , le' maire, en présence du sieur Silhol, bastier (1), qui est arrivé au moment du colloque : « Je vous défends, dit-il, d'obéir à ces messieurs, soi-disant consuls. Je ne connais point de consuls ni ne veux point en connaître. Vous êtes un coquin de leur obéir malgré mes défenses, en quoi que ce soit. Vous savez que je vous ai soutenu jusqu'à ce que vous avez fait contre moi... Je vous promets que je ferai monde nouveau de vous autres et de ces messieurs et que je vous ferai voir que je suis maître absolu : ainsi ne vous exposez plus à revenir me dire quoi que ce soit... »

Darboux a signé au registre sa déposition.

Encore un défi.

Jean-Joseph Gilles revient en fonction ; le maire l'a nommé valet de ville et a enjoint au sieur Bertrand, greffier, d'enregistrer sa nomination. Le conseil, après délibération, refuse à cause de la

---

(1) Bastier : à cette époque l'âne était très recherché comme monture, aussi les fabricants de bâts avaient un métier lucratif ; ce sont les bourreliers de nos jours.

mauvaise conduite du préféré et invite le maire à proposer un autre candidat dans le délai de huit jours.

M. Gentil, seigneur d'Artifel, conseiller du roi, toujours omnipotent, tient ferme et somme les consuls d'articuler un grief contre son protégé : il donne vingt-quatre heures pour établir les preuves. Le conseil est résolu à confirmer de plus fort la première délibération de refus. Peu après, le conseil, voyant l'obstination du maire, vote pour un autre candidat et nomme Jean Durand qui prête serment et est installé.

Mais l'affaire ne devait pas se terminer ainsi. L'antagonisme regrettable entre le maire et les consuls jetait la perturbation dans la communauté.

Le 2 octobre, M. d'Artifel voulait avoir le dernier mot.

Ce jour là, le premier consul, lieutenant du maire expose « qu'il a été signifié aux consuls une ordonnance du sénéchal qui ordonne au greffier de la communauté d'enregistrer, sous peine de 25 livres d'amende, la nomination du sieur Gilles comme valet de ville. »

« Le conseil délibère qu'il sera demandé des lettres pour relever en forme d'appel, auprès du parlement, pour obtenir l'autorisation de la délibération portant nomination de Jean Durand, préféré par l'assemblée au valet de ville nommé par M. Gentil, les motifs légitimes de l'exclusion de Gilles ayant été fournis au maire. » M. Gentil semble se calmer ; mais ils étaient courts, les intervalles pendant lesquels le maire Gentil semblait avoir éteint les brandons de discorde ! Voilà que, le 6 novembre, il jette dans l'embarras toute la population, au sujet d'une entreprise qui lui était sympathique.

Un groupe de jeunes gens de distinction eut la
velléité de jouer des pièces de théâtre; leur succès
fut complet. Ils demandèrent aux consuls une salle
à l'Hôtel de Ville ; on la leur accorda, mais il s'agissait d'y faire quelques réparations pour consolider
un mur. Les jeunes gens l'entreprirent à leurs frais.
Cependant on avait compté sans le maire, dont le
tempérament grincheux et tracassier était toujours
au paroxisme. Le magistrat, prenant à tâche de se
rendre de plus en plus impopulaire, fit signifier son
opposition par voie d'huissier.

Les consuls tinrent peu de cas de cet « *acte in-
convenant* » et en envoyèrent le récit à Mgr l'Intendant, en l'accompagnant d'une supplique demandant
l'autorisation de faire les réparations nécessaires.

Le 4 décembre 1763, on adresse au prince de Conti,
pour la nomination des consuls, la liste des « *citoyens* »
choisis. Voilà un mot nouveau dans le dictionnaire
du greffier ; il revient quelquefois complaisamment
sous sa plume.

Le 5 août 1764, le premier consul, lieutenant du
maire, dit qu'il a reçu du sieur Guille, prêtre-mis-
sionnaire de Saint-Joseph à l'Isle-Adam, une lettre
explicative. Il faut savoir que les consuls avaient fait
passer, par l'intermédiaire de ce prêtre, un placet
destiné à Mgr le prince de Conti. Ils exprimaient
leur profond regret d'être obligés de soutenir un
procès avec S. A. S. L'intervention bienveillante du
digne missionnaire eut le succès que l'on attendait.
Aussi, reconnaissant de toutes les bontés du prince,
le conseil déclare qu'il sera adressé un extrait de la
délibération à M. Pantin, procureur de la communauté à Paris, afin qu'il éloigne tout jugement et
qu'il cherche tous les moyens d'obtenir des détails

de la part du rapporteur du procès. En outre, il sera
dressé un mémoire instructif sur toutes les contestations entre la communauté et Mgr le prince de
Conti, et cette pièce, mise entre les mains de
M. Guille, servira à son édification, comme prêtre
devenu l'intermédiaire entre Bagnols et l'Isle-
Adam, où Mgr de Conti possédait une habitation
princière.

A la date du 24 août, nous trouvons au registre un
document curieux : Prestation de Serment. Il est
signé et paraphé à chaque page : *D'Artifel, maire*.
C'est toujours l'autoritaire surexcité qui ne reconnaît, dit-il, ni consul ni greffier consulaire. Se faisant fort de l'arrêt du parlement, il reçoit le serment
de son fidèle valet Gilles, conspué par le conseil
politique. Il provoque à son profit le renouvellement du serment de Bertrand, greffier soi-disant
consulaire.

Alors protestation de part et d'autre. Nous nous
demandons où était l'autorité, où était le droit.

Trois jours après, Messire Charrier de Moissard,
premier consul, lieutenant du maire, annonce qu'il
avait été signifié à chacun de ses collègues un arrêt
de la souveraine cour du parlement de Toulouse
rendu sur le procès entre Gentil, maire, et la communauté, à l'occasion de la nomination du sieur
Gilles, le fils, pour valet de ville. L'arrêt devait sortir à effet et le greffier devait l'enregistrer.

Après lecture, le maire sortit de l'Hôtel de Ville
(il n'était pas dans la salle des séances), et sur le
champ le sieur Lhermet, huissier, et ses assistants, se sont transportés chez le sieur Malignon,
troisième consul, pour lui faire une saisie. Pareil
ordre était donné pour les autres consuls. Les qua-

tre titulaires, émus de cette brusque manifestation, offrirent de donner la somme de 73 livres 13 sols pour le total des condamnations portées par l'arrêt prononcé contre eux.

L'huissier exige la reddition de l'habit de livrée de feu Baumel et les clefs de son appartement à l'Hôtel de ville. Tous ces actes de caprice furent exercés avec une violence qui n'a pas d'exemple ; après pourparlers et délibération, le conseil refusa soit au maire, soit au valet, de rendre l'habit de livrée, ni les clefs, attendu que l'appartement est occupé et que l'habit est déjà porté par Huchet, qu'ont voulu élire les consuls, que d'ailleurs, — (détails du texte même qui fera sourire le lecteur), — il y a trois ans que Gilles, le père, est nommé et l'on ne peut « déshabiller » aucun valet de ville, et que le maire ne peut ignorer que Gilles, le père, qui a été destitué de sa place par la communauté, a néanmoins gardé le troisième habit de livrée, par son ordre, la communauté consentant que Gilles fils soit habillé à la livrée consulaire, et lorsqu'il y aura des fonds suffisants pour vêtir les employés de nouveau. Quant à l'arrêt injustement surpris contre MM. les Consuls, il est renvoyé à la première réunion d'un conseil plus complet pour y être délibéré.

On se fait difficilement l'idée aujourd'hui de l'importance qu'un conseil, composé de l'élite de la population, donnait à des détails insignifiants. La délibération du 3 septembre 1764 relate ce qui se passe pour l'abandon de l'habit de feu Jean Baumel et la remise des clefs de son appartemment à l'Hôtel de Ville. Un arrêt du parlement de Toulouse avait confirmé la nomination du fameux Gilles. Il s'agissait de l'installer. Le conseil était au grand complet ;

les nouveaux valets déposèrent sur le bureau les clefs et l'habit. Mais Gilles, présent à la séance, refusa de les accepter, et, selon lui, bien que M. Gentil lui eût ordonné de faire sa semaine, défense expresse lui avait été faite par le maire de ne rien recevoir, car ce sont les consuls qui auraient dû eux-mêmes lui porter à Artifel ces objets, afin que lui, maire, pût certifier si ce sont les mêmes. Gilles, pressé de prendre un parti, refuse avec plus d'obstination. Enfin, pour clore les débats, M. de Charrier de Moissard a ordonné aux valets de ville de serrer le tout dans un cabinet de la salle du conseil et de remettre la clef du meuble à M. Mégier, second consul. Le conseil signifie au maire le procès verbal.

Quatre mois plus tard, l'assemblée s'occupe encore de cette grave affaire, le maire répondait par une autre signification, rappelant celle du mois d'août et l'arrêt du parlement de Toulouse, qui porte « contrainte par corps » contre les consuls, s'ils refusaient de remettre clefs et vêtements. Cette menace frappe un coup décisif ; l'huissier du présidial de Nimes dresse procès-verbal de remise.

Le sieur Gilles accepta l'habit, la veste, le chapeau et la plaque d'argent et refusa les clefs sous prétexte que ce n'étaient pas les mêmes.

En vertu de l'ordonnance pour les frais divers, les consuls furent obligés de payer de nouveau la somme de 50 livres 1 sol et 7 deniers. Le conseil délibère qu'il sera dressé un mémoire à consulter par deux anciens avocats au parlement, pour savoir si la communauté est fondée à porter plainte contre le sieur Gentil, en vertu de l'arrêt obtenu par les consuls, en 1757, ordonnant au maire de les reconnaître, ou bien s'il suffit de conserver le droit et la qualité de consul en exercice, de se pourvoir, au nom de la communauté, en opposition envers l'ordonnance du 29 août qui porte : que les soi-disants consuls de Bagnols remettront.. et dans le cas où le conseil soit fondé, MM. les Consuls présenteront une requête à M. l'Intendant en permission de plaider, d'emprunter la somme nécessaire et, à défaut de prêteur, celle de forcer tel ou tel nombre convenable des plus forts et des plus aisés contribuables. Dans ledit mémoire, on relatera que ledit Gentil continue à donner au titulaire la qualité de soi-disant consul.

Au mois d'octobre, on emprunta 600 livres pour soutenir le procès contre le prince de Conti : cette somme fut envoyée à M. Pantin, procureur de la commune au parlement de Paris.

Les mois se suivent et se ressemblent. Encore des caprices et des tracasseries. Le maire fait par huissier signifier aux consuls que, s'étant rendu au greffe consulaire, il n'a trouvé personne ; M⁺ Bertrand était absent. Grand délit ! Cas pendable ! Dans cet acte, il conteste toujours l'autorité des soi-disants et ne fait aucun cas des ordres qu'il a reçus des autorités supérieures de la province, lesquelles lui ont défendu l'entrée des assemblées de la communauté. Le maire, malgré cela, s'acharne à de ridicules protestations. Il insulte particulièrement M. de Charrier Moissard, le premier consul, non seulement dans sa qualité de magistrat, mais comme gentilhomme, ancien militaire et seigneur direct de Bagnols, ayant l'honneur d'hommager, en cette dernière ville, S. A. S. Mgr le prince de Conti, prince du sang, baron de Bagnols. Le premier consul indi-

gné demande que la communauté se joigne à lui
« pour supplier nos seigneurs de l'assemblée des
États d'avoir la bonté d'admonester en cette occasion
ledit sieur Gentil, qui ne devrait point oublier que
l'arrière-petit-fils d'un cabaretier (1), maître de la
poste aux chevaux, tel que lui, ne peut ni ne doit
manquer aux égards dus à la noblesse sur une idée
chimérique que sa mairie lui a fait naître de prendre
la qualité de noble et de seigneur d'une grange qu'il
habite auprès de cette ville.

« Si je relève les insultes de cet écrit, dit le premier consul, c'est à cause de ce qui peut en résulter
pour mes enfants. »

Les trois valets de ville sont envoyés chez le maire
pour demander les pièces contenues dans son acte ;
mais M. Gentil avait voulu s'absenter de sa métairie
d'Artifel. Le conseil, exaspéré de plus en plus,
demande qu'une supplique sera de nouveau adressée à nos seigneurs des États sur la méconnaissance
des dignitaires, à laquelle s'obstine le maire turbulent, les consuls ayant été nommés par le prince de
Conti et confirmés par arrêt de la souveraine cour
du parlement de Toulouse.

Guerre ouverte avec le maire et situation délicate
avec les seigneurs de la baronnie.

Le 2 décembre, l'on apprend que le prince pousse
avec activité au parlement de Toulouse son procès
avec Bagnols au sujet de l'exercice de la police.

Le conseil vote et emprunte 400 livres pour faire
face aux frais de procédure. Il est tout naturel alors
que Mgr de Conti, négligeant les intérêts de la com-

----

(1) Nous avons déjà vu qu'au xviiͤ siècle, un Genty était hôtellier
au *Logis de L'Ange*, Grand'Rue, maison Joseph Boissin. Ce
devait être l'auberge la mieux achalandée du pays, puisqu'il y
logeait des voyageurs de distinction.

munauté, fasse attendre la nomination des nouveaux
consuls. L'assemblée fait valoir le grand âge et les
infirmités du premier magistrat et supplie le baron
de se hâter (1).

Encore Gilles qui assigne devant le sénéchal de
Nimes le premier consul, afin qu'il ait à lui payer
six mois de gages. Pour pouvoir acquitter les frais
de ce procès, le conseil adresse une supplique à
M. l'Intendant de la province demandant à contrac-
ter un emprunt.

Le 22 septembre 1765, on procède à l'installation
d'un fonctionnaire nouveau. Les lettres patentes du
roi, données à Versailles le 19 de cette année, por-
tent que pour les fonctions de procureur de police
et procureur du roi en l'Hôtel de Ville, dans les communautés de la province, les consuls seront tenus
de nommer dans trois mois un gradué, qu'elles
pourront continuer pendant six ans. Le consul jette
les yeux sur maître Pierre Borie qui, mandé venir, a
promis de bien et dûment s'acquitter de ses fonctions de procureur du roi en l'Hôtel de Ville. Ce
magistrat avait, paraît-il, le droit de faire convoquer
les assemblées du conseil politique. Celle du 6 octo-

(1) Rappelons que M. Gentil avait été nommé maire le 11 février 1742, il l'était depuis 22 ans. — Le 12 février 1765, la communauté cède à François Charmasson, négociant, le droit d'user
d'un banc à quatre places, posé dans l'église paroissiale de Bagnols
et qu'il a acquis de M. Charles Carme de la Bruyère, capitaine des
grenadiers royaux, dont les confronts sont précisés.
  La présente confirmation est faite au prix de 3 livres ; la communauté s'était réservé ce droit en impôt parce qu'elle avait fait les
frais de reconstruction et agrandissement de l'église.
  Les bancs de l'église avaient 5 pieds, 4 pouces (1m832mm) de
long. — 2 pieds (0m649mm) du profondeur. — 3 pieds moins
1 pouce (0m947mm) de haut, — 1 pied (0m324mm) de siège et les
bancs 11 pouces de long (0m324mm).

bre avait pour objet de déterminer le jour du ban des vendanges (1).

Les fermiers du prince de Conti font assigner la communauté d'avoir à payer 62 livres 14 sols 9 deniers pour censive due à S. A. S. soit pour l'Hôtel de Ville, la tour de l'Horloge, la place Saint-Jean, le corps de garde de la Poligière, ou pour frais à défaut de paiement, et ce pour vingt - sept années échues à Saint-Michel 1760.

Le conseil se voit forcé de reconnaître la dette et demande à Mgr l'Intendant l'autorisation d'em - prunter.

Le premier consul communique une lettre de M. de Gors, subdélégué du département de la ville du Saint-Esprit, avec l'ordonnance de l'intendant concernant la milice.

Il avise le conseil que, le 11, aura lieu le tirage au sort de quatre miliciens que Bagnols doit fournir au roi. Le conseil, en vertu de la loi, va se mettre en mesure de dresser la liste de toutes les personnes sujettes au sort.

Comme chaque année au mois d'avril, deux délé-gués vont à Uzès porter au chef lieu du diocèse les rôles de la capitation et du vingtième.

Comme chaque année aussi, on renouvelle le bail de la boucherie.

(1) Vers la fin septembre 1766. Borie mourut ; le conseil choisit Cabrol, avocat au parlement, pour procureur du roi. L'élu, qui tout d'abord refusait, fut assigné pour faire les fonctions. prêter le serment, répondre des dommages-intérêts de la communauté. Dans l'église paroissiale et par ordre de l'évêque d'Uzès, il y eut un service funèbre pour Mgr le Dauphin A cette solennité, furent invi-tés tous les prêtres séculiers, les corps religieux. Les recteurs, bailes et syndics des corporations des métiers seront tenus de s'y trouver avec les flambeaux et écussons de leurs confréries. Les officiers municipaux y assisteront revêtus de leur livrée consu-laire et tout ce qui compose le conseil en habit décent. M. l'abbé de Fabry prononça l'oraison funèbre du prince (mars 1766).

Il paraîtrait que, vers 1766, l'administration de l'œuvre de la paroisse était loin de ressssembler à l'organisation moderne. Le 1ᵘʳ juin, le consul a exposé que le sieur Jacques Gence ne pouvait plus, vu son grand âge, se charger des soins de diriger cette œuvre. MM. les Recteurs et Bailes de la confrérie du Saint-Sacrement se sont réunis. C'étaient MM. de Belgarie, Madier, Gonnet. Ces dévoués devaient faire exécuter toutes les réparations nécessaires et surveiller les travaux.

Le 6 décembre 1766, par devant Mᵉ Placide Tron, avocat au parlement, invité par MM. les Officiers municipaux et par billet signé du secrétaire-greffier de l'Hôtel de Ville, le conseil politique s'est assemblé. M. Mégier, second consul, a exposé que, en conséquence de l'édit du roi du mois de mai dernier, la convocation d'aujourd'hui avait pour but l'élection des notables et demain celle des officiers municipaux.

Il paraîtrait que le monarque avait dû intervenir dans les démêlés entre les officiers royaux et les officiers bannerets, qui voulaient les uns et les autres la présidence des assemblées. De Montpellier, le syndic général de la province conseilla de faire présider M. Tron, exerçant la justice en la cour royale ; on procéda à la nomination des notables, en tout vingt quatre à élire, six de chaque rang. Le lendemain, une autre réunion eut lieu, composée des consuls et des conseillers politiques anciens. M. Mégier, second consul, rappela l'élection de la veille, dont tous les citoyens nommés qui se sont rendus à l'assemblée prêtent serment. Il dit que, selon l'usage, il doit être proposé au prince de Conti les candidats de chaque rang, sur lesquels le baron, selon son droit, doit fixer son choix pour la nomination des quatre consuls, et d'autant qu'au lieu de quatre candidats de chaque rang formant le nombre 16, qui était ci-devant proposé par la communauté à son Altesse Sérénissime, l'édit du roi du mois de mai dernier porte à l'article 8, qu'il n'en sera proposé à l'avenir que trois de chaque rang, formant le nombre 12 (1). On procède donc aussitôt au scrutin pour le nombre de 12, selon la nouvelle loi, et il est délibéré que le nom des élus sera envoyé à Mgr de Conti.

Le rôle des impôts était chaque année dressé, à Uzès, par les délégués de toutes les communautés du diocèse. Lorsqu'on avait terminé le travail de répartition, on l'adressait à toutes les villes et villages intéressés ; l'on procédait alors à la nomination du personnel chargé de faire le recouvrement. Au jour indiqué, des citoyens honorables se présentaient pour prendre part à l'adjudication de la taille. C'était au mois de Mars. En 1767, un sieur Castor offrit son concours, moyennant onze deniers par livre. Il consentait à faire l'avance du premier quartier, à laisser livre net, attendre les cotisés jusqu'au premier juillet et donner bonne et suffisante caution.

— Nous sommes au 1er mars 1768. Il est question de s'occuper d'un règlement pour le temporel de la maison de charité. Le conseil renforcé est convoqué. M. de Charrier Moissard expose que Mlles Fourcheut et Bérouard, directrices de l'établissement approuvé par les lettres du roi (octobre 1766), prient, en s'appuyant, sur une observation directe du prince de Conti, qu'on leur accorde le moyen de témoigner d'une manière évidente leur profonde gratitude,

(1) Au mois d'août suivant, le sénéchal de Nimes ordonna l'application de la loi nouvelle.

pour le noble seigneur. On demande de poser au-
dessus de la porte de la maison de charité les armes
du prince de Conti.

Quant au règlement, il n'y aurait pas lieu de s'en
préoccuper, puisque les lettres patentes stipulent
que jusqu'au décès des fondatrices la maison conti-
nuera à être en régie Cette résolution prise en souvenir des bons services rendus par ces demoiselles,
sera présentée à Michelet, secrétaire des commandements de son Altesse Sérénissime. Cependant
comme le conseil, tout en ayant une profonde déférence pour ces deux insignes bienfaitrices, ne demande qu'à montrer au Prince sa soumission et son
dévouement les plus absolus, il se soumet à la décision suprême de son Altesse Sérénissime.

Au mois de juin, Mlles Fourcheut et Berouard
démontrent au Conseil qu'elles ont obtenu l'autorisation du Roi et ont sollicité du prince de Conti la
remise des droits seigneuriaux ; que le Prince y
avait consenti, à certaines conditions ; que cet arrêt
n'avait pas été homologué et que S. A. S. a demandé
que la communauté dressât un règlement. Après
délibération du conseil renforcé, ce règlement en
34 articles a été lu et approuvé par l'assemblée.

Le fisc était vigilant, car les ordonnances royales
prescrivaient de battre monnaie et de rechercher
les abus. Un de ceux-ci, le plus frappant, c'était l'exo-
nération de la taille des biens des nobles. Le 23 octobre 1768, le premier consul fait remarquer que plusieurs particuliers possèdent des biens fonds, dans
la ville et son territoire, n'en payant aucune taille
sous prétexte d'une prétendue nobilité, sans qu'il
paraisse néanmoins nulle part d'une légitime
exemption. On donne ordre aux valets de ville de
sommer lesdits particuliers de présenter leurs titres

de prétendue nobilité et, qu'en cas de refus de leur part ou d'invalidité reconnue de leurs titres, il sera pris contre eux les voies prescrites par la déclaration du Roi de 1684, pour les faire condamner à la restitution des arrérages qui seront, par eux dus et de les faire inscrire pour l'avenir. Le Conseil demande la permission de poursuivre.

Nous retrouvons, à la date du 18 novembre, des détails curieux sur les dettes et les emprunts de la communauté. Afin de comparer les dépenses de Bagnols avec celles de Pont-Saint-Esprit, on avait demandé un état que le greffier de la ville voisine fit payer 12 livres, plus 1 livre 4 sols pour le valet de ville, qui l'a apporté. Signalons entre autres dépenses :

A Pont-St-Esprit, pour les valets de ville, 305 liv. tandis qu'à Bagnols pour le même nombre d'employés, pour un trompette et leurs habillements, 240 livr ; — pour les 4 consuls, à Pont-St-Esprit 350 — à Bagnols 200, — pour le greffier consulaire, à Pont-Saint-Esprit 240, — à Bagnols 150 ; — pour le commissaire du four banal, à Pont-St-Esprit: 1 four, 100 ; et à Bagnols pour deux fours banaux, rien ; — pour dépenses imprévues, Pont-St-Esprit 500 liv. et Bagnols 350.

Le conseil refuse l'imposition de 200 livres en faveur des religieuses Ursulines pour leur tenir lieu de gages en leur qualité de régentes des petites écoles des filles, « attendu que ces religieuses, devenues riches, négligent cet objet à un point qu'aucun citoyen n'y envoie presque plus d'enfants ; au lieu qu'une maîtresse d'école, en faveur de qui nos seigneurs voudront bien ordonner ladite imposition pour l'avenir, étant entièrement sous la main de

Mgr l'Évêque du diocèze et de la communauté, s'acquittera mieux de ses devoirs. »

Au commencement de l'année 1769, les jardiniers étaient tolérés comme balayeurs des rues de la ville, mais puisqu'ils négligeaient de remplir la tâche qu'ils s'étaient imposée, il se présenta des habitants qui s'offrirent à enlever les fumiers et les pierres à leurs frais. L'adjudication eut lieu et le privilège fut accordé à celui qui faisait les meilleures conditions. Joseph Ode, mangonnier, qui a déjà fait ce travail, demande la ferme pour trois ans, et offre de donner 6 livres par an à la communauté mais Étienne Blanc s'engage à payer 7 livres. Les adjudicataires s'échauffent, et la lutte passionnant les deux concurrents élève les prix à 24, 28, 36, Ode 40, Blanc 41 : la bougie s'éteint sur cette offre.

Il paraîtrait qu'en juin 1769, les portes de la ville étaient dans un état de dégradation compromettant : on disait que les « libertins et les ivrognes » passaient par là et ravageaient pendant la nuit la campagne et les jardins des alentours. Le sieur Violot fut chargé de l'entreprise de maçonnerie. Les plans et les devis furent envoyés au prince de Conti afin de solliciter l'autorisation de faire les réparations.

Le baron eut encore à intervenir dans une affaire de mines. Le marquis de Luchet avait présenté au roi une requête pour obtenir la permission d'ouvrir et d'exploiter une mine de fer dans la Chartreuse de Valbonne. M. de Cheissac, grand maître des eaux et forêts de la province, commit le sieur Landrau, garde marteau de la maîtrise de Villeneuve-de Berg, à l'effet de vérifier l'étendue de la forêt, l'âge et l'essence du bois, et de faire un rapport sur l'avantage ou le désavantage de cette demande. Les consuls ajoutaient « que la fortune de la contrée serait renversée par l'établissement des forges : les provisions de bois tariraient, l'industrie des cocons et de la soie, qui consomme des charbons de bois, n'aurait plus sa brillante prospérité. Nous serons dans l'état malheureux de prendre sur notre subsistance de quoi payer les charges royales ; nos forêts sont arides, puisque le chêne vert y croît lentement, et enfin non seulement nous serions toujours en famine de charbon, mais encore de bois indispensable à l'habitant. »

Le conseil délibére de s'adresser très humblement à Mgr le prince de Conti, afin qu'il intervienne auprès des grands de la province et que l'on refuse la demande du marquis de Luchet.

Le prince de Conti réclame encore le tarif des poids et mesures, le conseil consent à l'établir ; mais pour cela, il faut faire des recherches aux archives. M. Cabrol, comme juge royal, est chargé de ce soin, il constate qu'il manque plusieurs registres, que quelques uns ont des feuillets déchirés, enfin il n'a rien trouvé se rattachant à la question brûlante. Alors, vu ce résultat négatif, le conseil, toujours très respectueux, supplie le prince d'accorder à la communauté le temps de rechercher les titres nécessaires.

On agite cette question capitale : le vote des quatre consuls doit-il compter pour un ou bien chaque titulaire a - t - il voix délibérative ? le conseil opine pour l'affirmative de l'individualité. Cependant le conseil politique renforcé mettant peu après la question à l'ordre du jour, un membre opina pour la sortie des consuls, lesquels se retirèrent dans une salle voisine. Alors l'assemblée

vote librement, sans pression morale, qu'elle suivra
l'ancien usage et que les voix des quatre consuls, —
d'accord entre eux, — ne compteront que pour une.
Les consuls, rappelés au sein de l'assemblée, protestent et maintiennent la délibération du 18 et le
vote par individualité. Procès-verbal a été dressé de
cette opposition vivement accentuée.

Il paraîtrait que le 22 juillet 1770, le sieur Dumas,
propriétaire d'une maison sur la place, voulut s'opposer à ce que des particuliers déposassent du blé
sous les halles, prétendant que c'était là la propriété
des habitants de ce quartier de la ville. Le conseil
délibéra que les halles qui sont autour de la place
étaient de temps immémorial à l'usage et commo-
dité du public pour la tenue des marchés. Le bureau
de police fut chargé de lever tous les obstacles pouvant restreindre ce droit.

Nous l'avons vu dans la dernière affaire du vote
des quatre consuls, les lois qui régissaient alors les
diverses administrations, semblent n'avoir été ni
immuables ni précises. Souvent le bon plaisir du
roi prenait toutes les exigences légales. Au mois
d'août, le sieur Cassan, directeur de la poste aux
lettres, fait présenter aux consuls trois plis cachetés.
Le conseil observe minutieusement et reconnaît que
les sceaux ne sont point altérés. C'est de nouveau
M. Michelet, secrétaire des commandements, qui,
dans deux missives, réclame encore pour le prince
de Conti l'interminable tarif des poids et mesures.

C'est, signé de Compiègne, un ordre du roi qui
maintient en charge et en jouissance des privilèges
et prérogatives, jusqu'au 1er janvier prochain, les quatre consuls dont il connaît la bonne administration,
et, ajoute l'ordonnance, « sans toutefois tirer à consé

quence pour l'avenir. » Le roi, comme le plus fort, empiétait ici sur les droits du seigneur de Bagnols.

Quant à la grande affaire des poids et mesures, il y a lieu de convoquer le conseil politique renforcé. La réunion de cette assemblée ne s'est pas fait attendre, car, le 19 août, on transcrit au registre une délibération obséquieuse à l'excès. Il est manifeste que ou la panique s'était emparée de la communauté, ou bien le style officiel du temps affectait un excès de vassalité de mauvais goût. Nos représentants supplient très humblement et très respectueusement S. A. S. d'attendre que deux célèbres avocats de Montpellier aient donné leur avis. Ils se disposent à adresser un mémoire explicatif à M. le Contrôleur-Général, à M. le Procureur-Général et autres grands personnages, « donnant les raisons qui ont conduit la communauté dans les différentes délibérations qui semblent se contredire et qui ont fait taxer le conseil d'inconséquence, d'inconstance et de légèreté, pour mettre S. A. S. et nos seigneurs à portée de rendre à la communauté la justice qu'elle croit mériter par sa soumission, son zèle et son très profond respect pour S. A. S., de la puissante protection de laquelle la communauté a toujours été jalouse de se rendre digne de la conservation » (1).

(1) Il nous paraît singulier que le conseil soit saisi des réclamations en réduction de taxes de capitation de la part des personnages les plus haut placés, Messire de Sibert, baron de Cornillon, qui pétitionne pour 6 livres et M. de Charrier de Moissard également. Le menu peuple devait ne pas réclamer ou peut-être s'adressait-il à une autre juridiction. Nous lisons quelques pages plus bas, au registre BB, que le conseil ayant voulu vérifier les livres du sieur Lauzède, collecteur, ce fonctionnaire étant absent, « *Mademoiselle sa femme* » répondit au valet de ville que les rôlles de capitation de l'an dernier étaient à Uzès, entre les mains du commissaire auditeur du diocèse. On ne donnait le titre de *Madame* qu'aux personnes de haute condition ; cet usage s'est conservé jusqu'en 1825.

Le 7 juillet 1771, afin de payer au sieur Raclet, de Lyon, un acompte sur le prix de la confection du nouveau compois, les Pères Récollets prêtèrent à la communauté la somme de 2.400 livres.

Le couvent, à cette époque, ne comptait que sept religieux, dont voici les noms :

Le R. P. Marc Auzias, gardien, Raphaël Cassan, ex-provincial, Séverin Roubaud, Jean-Laurent Civet, Michel Cassan, Lucien Marcellin et Aldebert Lauzias. Ces moines franciscains étaient, le 18 du même mois, réunis à l'Hôtel de ville pour accepter des consuls l'offre d'une rente annuelle de 120 livres garantie sur tous les biens de la communauté, franche, quitte et exempte de toutes charges et impôts créés ou à créer, par le Prince de Conti.

Cette vente de pension représente un capital de 2.400 livres provenant d'un legs fait, en 1769, au couvent par M. Thomas de Busler, ancien major. La somme fut versée, en séance du conseil, entre les mains du Consul par messire de Boylau, ancien capitaine au régiment de Berwick, irlandais, chevalier de Saint-Louis. La communauté s'engagea à servir annuellement une pension aux religieux, avec réserve de se libérer selon son bon vouloir sans réduction de prix et à des conditions précises stipulées dans l'acte ; les deux parties offrent des garanties hypothécaires et signent au registre.

Le 19 janvier 1772, M. Fourcheut demande à mettre à exécution le projet de cession à la ville des arceaux, qui sont devant sa maison de la place et d'un clos à la Poligière pour agrandir l'esplanade.

Monsieur Fourcheut se targuait d'un prétendu droit spécifié dans un acte du 22 mars 1728, tandis que les contradicteurs invoquaient un édit du roi de 1749.

Le conseil veut temporiser et considère s'il est du bon plaisir de S. A. le Prince de Conti de donner son consentement, et s'il est du bon plaisir du roi, d'accorder des lettres patentes, à l'effet de passer l'échange projeté : tous les frais seront à la charge de M. Fourcheut quelle que soit l'issue de cette affaire.

M. Fourcheut, père, conseiller-correcteur à la Cour des Aides de Montpellier, accepta les conditions.

Nous l'avons fait remarquer plus haut, les droits du prince et ceux du roi étaient loin d'être déterminés. Si nous remontons le cours des siècles en recherchant quels étaient nos maîtres omnipotents, nous voyons que la ville de Bagnols appartenait anciennement à différents seigneurs particuliers, sans que le roi y eût aucune partie de justice : c'est ce qui résulte de deux transactions des années 1208 et 1226. En 1312, le roi acquit un sixième de juridiction de la seigneurie par un échange. En 1549, les commissaires du Roi vendirent à Tertuli cette portion royale. Le maréchal de Montmorency acheta, en 1576, les parts appartenant au seigneur de Beaufort ; mais, en 1584, le maréchal de Montmorency, voulant agrandir son domaine, offrit à prix d'argent, de posséder les droits royaux acquis par la famille Tertuli. Au moyen de ses acquisitions successives, Henri de Montmorency eut sur sa tête toute la seigneurie de Bagnols. Nous avons vu plus haut qu'Henri de Bourbon, prince de Condé, obtint les droits de l'infortuné maréchal.

Les Conti succédèrent aux Condé. D'autre part, en l'année 1700, le roi inféoda à titre de propriétés incommutables à François Louis de Bourbon, prince

de Conti,tous ses droits sur la ville et viguerie,avec
pouvoir de rembourser les officiers royaux et de
faire exercer la juridiction par ses officiers et en son
nom. Ce qui fut exécuté. Dès lors il n'y eut plus de
cour royale à Bagnols . Les officiers du prince de
Conti exercèrent seuls la juridiction.

Les choses étaient dans cet état lorsque le
tarif du contrôle des actes des notaires fut établi,
le 29 septembre 1722. L'article 36 de ce tarif porte
que le contrôle des officiers des judicatures des
duchés, pairies et autres juridictions seigneuriales,
ressortissant du parlement ordinaire : notaires,
procureurs, greffiers et autres officiers, médecins,
chirurgiens, apothicaires, peintres, sculpteurs, orfè-
vres, marchands en détail et autres notables, arti-
sans des villes où il y a une cour présidiale, baillia-
ge, sénéchaussée, élection et autres juridictions
royales, payeront 20 livres. Ce même article porte
aussi que les contrôles des mariages et testaments
des mêmes officiers, médecins, marchands, bourgeois, gros laboureurs et fermiers des autres villes,
ne payeraient que 10 livres. Ces articles ont été mis
a exécution à Bagnols où, depuis 1722, la ville était
regardée comme purement seigneuriale, puisque
l'appel des officiers ne ressort point au parlement.
D'ailleurs on n'avait perçu le droit de contrôle, sur
le taux de 10 livres, que jusqu'en 1732, époque où la
cour royale de Bagnols fut établie. Mais, en 1747, le
Roi fit un échange avec le Prince de Conti;Sa Majesté
céda tous les droits qu'elle avait dans la ville de
Bagnols, avec pouvoir à S. A. S. de faire exercer en
son nom,par les officiers de la ville,la juridiction.

Cet échange a été enregistré au parlement de Toulouse en 1758. Enfin, il y eut une autre confirmation

par lettres patentes de 1770. M. le Prince de Conti,
usant de son droit, fit cesser par cet échange l'exercice de la cour royale. Il nomma les officiers lesquels exerçant seuls n'ont plus désormais pour leur
appel que la juridiction du sénéchal de Nimes. L'édit
du mois de février 1771, portant que le roi n'a point
aliéné la nomination des officiers royaux par des
engagements ni par des échanges, donna des idées
de protestation aux fermiers généraux de Montpellier. Ces derniers prétendirent par lettres du 21
décembre 1771 que la ville de Bagnols devait être
toujours regardée comme ville royale. Le Prince de
Conti, mécontent, se plaignit au conseil. Son mémoire fut enregistré à Bagnols, en janvier 1772 et il
demeura établi que la ville de Bagnols est seigneuriale et qu'il n'y a plus de cour royale, puisque la
juridiction ne peut être exercée que par les officiers
du prince de Conti.

Les choses en revinrent au même point où elles
étaient en 1722 et il fut admis que la communauté ne
payera que le droit des villes seigneuriales. Une
copie du mémoire du prince et de la délibération du
conseil fut adressée à M. Chambon, contrôleur des
actes des notaires à Bagnols. Ce fonctionnaire reçut
la sommation d'avoir à se conformer au tarif de 1722
et, en cas de refus, on s'adressera à Mgr l'Intendant
pour le forcer d'obéir.

Voici que deux familles nobles revendiquent
l'usage d'un droit qui peut nous surprendre aujour-
d'hui où tous les rouages administratifs judiciaires
ont été simplifiés, bien que le législateur n'ait pas
dit son dernier mot.

Les jeunes fils d'un noble défunt, MM. Charles-
François-Ferdinand et Félix-Paul-Antoine Broche

de Vaux frères, chers seigneurs de Miémar, du château de Canilhac, dans Bagnols, co-seigneurs directs de la ville de Roquemaure, successeurs *ab intestat* de feu Messire Félix Marc leur père, ont fait signifier à MM. les consuls, en la personne de leur greffier, un arrêt du parlement de Paris, du 3 septembre 1669, qui maintient et garde M. le Marquis de Nicolay, en la possession et jouissance d'avoir entrée et voix délibérative aux assemblées de la Maison de Ville à Bagnols, tant pour l'élection des consuls que pour les autres affaires communes. L'arrêt ajoute : « que le marquis prendra sa place immédiatement après les officiers du roi, et avant le régent de cette ville sans néanmoins que ledit Nicolay puisse recueillir les voix et prononcer ce qui a été arrêté, comme aussi en qualité de co-seigneur direct seulement de la ville de Bagnols, sans qu'il se puisse dire co-seigneur juridictionnel d'icelle. Les dits frères Broche de Vaux ont fait signifier la vente faite à feu leur père, le 14 mars 1747, par M. Scipion de Nicolay, d'une maison que ce seigneur avait dans la rue du four de Canilhac et la haute, moyenne et basse justice, ainsi que le droit de nommer des officiers pour administrer la justice ».

Les jeunes de Vaux prétendent pouvoir user de ce privilège et leur ambition se traduisit bientôt par un acte qui fut diversement apprécié. L'aîné des deux frères, se présentant, le 21 juin, à l'Hôtel de Ville, s'adressa au premier consul en disant : « Je viens assister à l'assemblée de la communauté ».

Mais l'intrus désappointé se retira aussitôt à la parole de M. de Reboul, qui lui objecta que l'assemblée n'était pas formée. M. Guinet, procureur fiscal, fit observer qu'une demande pareille devait être examinée attentivement soit pour le droit du prince de Conti, soit pour ceux de la communauté. Il protesta avec énergie pour S. A. S., il se réserva expressément les entiers privilèges, contre le droit et titre, qui avaient été vendus audit feu de Vaux, en mars 1747, particulièrement du titre de co-seigneur en justice, de la ville de Bagnols, puisque l'arrêt de 1669 précise en termes formels tous ces droits; « du reste, ajouta le procureur fiscal, M. Charles François Ferdinand est encore mineur, on avisera quand il aura atteint sa majorité ».

MM. Fourcheut et Madier furent nommés commissaires pour étudier la question, faire un rapport, consulter les hommes de loi, la communauté s'engageant à payer les frais.

Les deux commissaires activèrent leurs recherches et la rédaction du mémoire qu'ils adressèrent au marquis de Montferrier, syndic-général de la Province. Ce haut dignitaire répondit aux consuls, par une lettre qui a été transcrite au registre.

M. de Montferrier trouve singulières les prétentions de MM. de Vaux. — « Elles sont, dit-il, contraires au droit commun, aucun seigneur de la province n'a montré autant d'exigence. Un arrêt du parlement de Toulouse du 29 mars 1730 défend aux seigneurs justiciers d'assister aux délibérations des communautés dont ils sont seigneurs; l'arrêt de 1669 n'a été rendu qu'entre les seigneurs de Bagnols et ne se rapporte qu'à leurs droits honorifiques. Il ne précisait les droits que pour M. de Nicolaï, baron de Sabran, seigneur direct. Ce droit n'a pu donc être acquis par M. de Vaux ; son fils ne peut donc pas même prendre le titre de co-seigneur justicier, aux termes de l'arrêt de 1669 qui l'interdit à

M. Nicolaï. Et alors la communauté n'a point à intervenir. Si les fils de Vaux veulent plaider, M. l'Intendant autorisera MM. les consuls à soutenir le procès.

Encore un abus. Les sieurs Méric, ancien officier, et Joseph Silhol ont été assignés par exploit devant le sénéchal de Nimes. C'était à la requête des sieurs Merle et Delaville, fermiers des fruits décimaux du prieuré de Bagnols, en payement de la dîme d'une prétendue « *véjado* » ou « *Margaliero* » qu'ils ont recueillie dans leur possession.

Or, comme c'était là une innovation de la part des fermiers, et que la « *margalière* » est un fruit naturel sur lequel la dîme n'a jamais été perçue, « que c'est une excroissance de mauvaises herbes qui ne se sèment point et qui arrivent accidentellement par les fréquentes pluies », le conseil délibère qu'il y a lieu d'arrêter de tels abus, préjudiciables aux intérêts publics. Le « *margail* ou « *margaillère* » étant une herbe sans valeur, les fermiers n'ont ni droit ni titre pour en percevoir la dîme. S'il faut poursuivre auprès du sénéchal, la communauté prendra le fait et cause : elle plaidera et contre les fermiers et contre le prieur de la paroisse..

Le premier consul revient sur les contestations avec les habitants qui prétendent posséder des biens nobles et ne point payer l'impôt. Il prend à partie M. le Prieur de Bagnols. Cet homme de Dieu était, paraît-il, un des rares prêtres, âpres au gain, puisqu'il faisait pressurer violemment les pauvres taillables par les dîmiers sans merci Il voulait jouir, sur le domaine de Carmignan de la gratuité de la nobilité. Le Prieur allègue qu'il a sur cette terre la moyenne et basse justice. Mais suivant la déclaration de 1684, il est nécessaire , pour faire cesser cette présomption, de rapporter des titres de roture ; or il est venu à la connaissance du consul que pour les imposés à la taille, il en existait. Chacun trouvait urgent de régulariser la situation avant la confection du nouveau Compois.

Il est à remarquer qu'à l'époque dont nous nous occupons, un grand trouble agitait les habitants à cause même de la difficulté de l'interprétation des lois.

M.J.-B.de Poignan Marmier, ancien garde du corps du roi, fait signifier aux consuls un acte expositif avec son extrait de baptême. Le pétitionnaire voulait prouver qu'ayant soixante-dix ans, il était exempté de toutes les fonctions et de toutes les charges. Il se croyait donc dans son droit de cesser d'être conseiller politique et demandait que la communauté nommât un remplaçant. M. le syndic du diocèse consulté adressa sa réponse aux consuls, laquelle ne parut point concluante. La communauté contestait que le droit de nommer les conseillers lui fût dévolu, qu'antérieurement à la révocation des charges municipales, Mgr l'Intendant ayant nommé des conseillers politiques par remplacement, il y a obligation aujourd'hui d'écrire pour demander la ligne de conduite à suivre. Le conseil, on se le rappelle, a été réduit à la moitié du nombre ordinaire par l'arrêt de 1766 ; il y avait des vides à combler.

Le 10 janvier 1773, les consuls vont se préoccuper de ce qui devait leur paraître une grosse affaire : demander à Mgr l'Intendant l'autorisation de renouveler, pour la décence, les robes et les chapeaux consulaires, qui depuis un temps immémorial servent aux titulaires. Le conseil se résignerait à voter une somme s'il fallait arriver à cette extrémité, ou bien il serait fait un emprunt forcé sur les plus forts contribuables.

Quelques jours après, on désigna pour payer chacun 200 à 250 livres M. de Clavin, M. de Sibert, père, M. Gentil, médecin, M. Tronc, M. Lajard, M. Gensoul, père, Teste, avocat, Mlle *la veuve Barandon*. Ils seront contraints de payer sur les mandats des consuls, par toute voie de droit.

Nos représentants ignoraient toute l'étendue de leurs droits puisque, le 2 février suivant, M. François Cassan, second consul, fait remarquer qu'il y a une erreur dans le dernier vote. La communauté ne peut absolument pas forcer les habitants à faire une avance : agir ainsi, c'est attenter à l'autorité de l'Intendant, et puisque la communauté ne trouve pas à emprunter, il faut s'adresser à Sa Grandeur et obtenir cette permission.

Louis-François de Bourbon, prince de Conti, mort en 1776, ne laissa de Louise-Diane d'Orléans, fille du Régent, qu'un fils, Louis de Bourbon, comte de la Marche et le dernier de nos princes de Conti.

La population Bagnolaise voulut honorer la mémoire du prince défunt. Le dimanche 18 août 1776, le conseil politique se réunit sous la présidence de M. André-Antoine Reynaud, premier consul, lequel annonce la mort de Son Altesse Sérénissime le prince de Conti. La délibération, qui retrace les mœurs du temps, porte que : connaissant la douleur dont les habitants sont pénétrés, il convient de rendre les honneurs funèbres au bien-aimé baron, qu'il convient de faire parvenir à Son Altesse Sérénissime Monseigneur le comte de la Marche, son fils, « l'expression respectueuse des justes regrets qu'excite dans le

cœur des habitants la perte d'un prince de qui la
ville n'était pas moins dévouée d'inclination que par
devoir. »

Il fut unanimement délibéré que des prières publiques seraient faites dans l'église paroissiale et que le
prieur des Carmes serait prié de prononcer l'oraison funèbre du prince, qu'on inviterait à la cérémonie tous les corps et confréries, et que pour subvenir
à la dépense, le maire et les consuls feraient un emprunt de 200 livres et, à défaut, « i's sont autorisés
à forcer tel nombre suffisant des plus forts et plus
aisés contribuables pour en faire l'avance » (1).

L'on a pu voir que, depuis Armand de Bourbon,
les Conti étaient seigneurs de l'Isle - Adam. Cette
famille, qui habita souvent cette résidence voisine
de Paris, a, depuis 1776, une chapelle funéraire dans
l'église paroissiale (2). L'autel est en marbre, sur-
monté d'un tableau attribué à Alonzo Cano : « L'ago-
nie de Jésus. » Une inscription, aujourd'hui détruite,
rappelait l'illustre héros :

HOC DUCE FULMINEIS GALLORUM
ASSALTIBUS ALPES
SUBSEDERE ; MANUS FLANDRIA VICTA DEDIT.
PACIFICA NEC LAUDE MINOR SE OSTENDIT
IN UMBRA,
DUM PATRIAM ARDENTI SEMPER
AMORE FOVET.

(1) Nous retrouvons la trace de cet emprunt dans le registre des
délibérations du 7 décembre 1776 (BB, 26), *Archives de Bagnols* ;
100 livres ont été rendues au sieur Blois, marchand droguiste, par
M. Thibaut, second consul, qui les avait empruntées à **MM.** les
Recteurs et Administrateurs de l'hôpital, par acte légal. — Nous
avons connu l'arrière-petit-fils de Blois.

(2) L'abbé Grimot, curé, chanoine honoraire, *Notice histori-,
que et archéologique sur l'église paroissiale de l'Isle-Adam*, Paris
1879, page 14.

AFFUSÆ TUMULO, LACRYMIS MANANTIBUS
ARTES
PRÆREPTUM COLUMEN PRÆSIDIUMQUE
GEMUNT (1).

En face de l'autel, était le mausolée en partie
détruit, il n'en reste que la pyramide en marbre
bleu turquoise : on y lit en lettres d'or :

HOMINEM, CIVEM, PRINCIPEM
LUGENT OMNES.
PATREM LUGET FILIUS ADDICTISSIMUS (2).

Au pied de la pyramide, est le large socle de forme
ovale, sur lequel, depuis 1811, à la place du *Génie de
la Vie* en bronze, qui appuyait sa main gauche sur
le médaillon du prince, et, de la droite, éteignait sa
torche, on a mis un beau modèle, en plâtre, de Moitte,
représentant une femme dans l'attitude de la plus
vive douleur : c'est la maquette même de la statue
agenouillée au pied du mausolée de Louis XVI, qui
est dans la basilique de Saint-Denis.

Sur le même socle, on lit ces autres paroles, en
lettres d'or gravées sur un cartouche en marbre
blanc :

HOC PIETATIS MONUMENTUM PATRI FILIUS
PONENDUM CURAVIT. ANNO 1777 (3).

(1) « Quand pareil à l'éclair, ce prince magnanime,
« Franchit les monts alpins, il en courbe la cime
« Sous ses pas triomphants ; après mille revers,
« La Flandre aussi gémit sous le poids de ses fers.
« Mais si dans les combats, sans cesse, la victoire
« Lui sourit, le repos ne l'endort pas sans gloire.
« L'amour de la patrie et le culte des arts,
« Sous son nom protecteur, règnent de toutes parts.
« Aussi les arts, avec la France désolée,
« Arrosent de leurs pleurs, hélas ! son mausolée ! «

(2) Tous pleurent le héros, le citoyen, le prince, mais le fils, le
plus tendrement dévoué, pleure un père. »

(3) Le fils a fait placer ce monument de sa piété filiale envers son
père, en l'année 1777.

Enfin, sur le marbre qui, au milieu de la chapelle, recouvre le caveau où repose encore le corps du prince, on lisait cette épitaphe actuellement effacée par un grattage impie :

HIC JACET
LUDOVICUS FRANCISCUS DE BOURBON
PRINCEPS DE CONTY,
MAGNUS FRANCIÆ PRIOR,
NATUS PARISIIS XIII AUGUSTI M.D.CC.XVII.
OBIIT II AUGUSTI M.D.CC.LXXVI (1).

LOUIS-FRANÇOIS-JOSEPH DE BOURBON,

COMTE DE LA MARCHE, PRINCE DE CONTI

1734-1814.

Baron 1776-1783.

De Louise-Diane d'Orléans de Chartres, fille du Régent, morte en 1736, Louis-François de Bourbon n'eut qu'un fils, Louis de Bourbon, le dernier des princes de Conti.

Ses états de service commencent à la guerre de sept ans, sous le maréchal d'Estrées. Il se distingua à la bataille d'Hastenbeck (1757), puis on le trouve à la bataille de Crevelt.

Ce prince, ne suivant pas la ligne de conduite de son père, resta asservi à la cour, il fut le seul prince

(1) Ici repose Louis-François de Bourbon, prince de Conty, grand prieur de France, né à Paris, le 13 août 1717. Il mourut le 2 août 1776.

du sang qui consentit à se rendre au lit de justice où
furent enregistrós les édits de Maupeou. Hostile à
toute réforme, il signa la protestation des princes et
sortit de France l'un des premiers pour ne rentrer
qu'en 1790.

Depuis la mort du prince Louis-François jusqu'en
1783, recherchons quels ont été les rapports du nouveau baron avec la ville de Bagnols.

A la date du 18 août 1776, dans la délibération où
le conseil votait des prières publiques pour le baron
défunt, le texte dit : « Supplier Son Altesse Sérénissime, le comte de la Marche, de vouloir bien honorer
la vil'e de Bagnols de sa puissante protection, que
les habitants s'efforceront toujours de mériter par
leur dévouement respectueux et par les vœux ardents
qu'ils ne cesseront de faire pour la conservation de
ses précieux jours » (1).

En 1778, la communauté de Bagnols désire res-
taurer la porte des Peyrières, dont les voûtes mena-
çaient ruine. On voudrait construire, là, une porte
flamande : nécessité et agrément. C'est l'avis de
M. de Roussel, le délégué du prince, à qui l'autorisation fut demandée.

Voici la réponse de Louis de Conti :

« Nous accordons notre agrément à condition
qu'ils en fairont tous les frais, que nous ne serons
tenus d'en payer aucun. A Paris, le 8 octobre 1778,
Louis-François-Joseph de Bourbon, signé. »

Le prince gouvernait la ville par l'intermédiaire de
son régisseur. La charge de cet agent semblait être
héréditaire, car sous plusieurs Bourbon-Conti, un

---

(1) La rédaction ajoute . *Et ont les sçachants écrire signés,* —
Thibaud, consul, de Reboul, Ode, Martin, Reynaud, Vidal, Lajard,
Bruguier. (Il y avait donc alors des conseillers illettrés) !...

Roussel en resta le titulaire estimé ; c'était une famille honorable et distinguée ; l'influence dont jouissaient à Bagnols les membres en fonction rendait leur nom populaire et contribuait puissamment à faire aimer les seigneurs de la baronnie.

C'est donc M. de Roussel qui correspondait avec le prince et qui en transmettait aux consuls les volontés absolues.

Chaque année, on procédait au renouvellement de la ferme de la boucherie et des autres baux.

On renouvelait aussi une partie des consuls et des conseillers politiques. Il n'est pas sans intérêt de connaître le mode d'opérer dans ces nominations diverses.

C'est le baron de Bagnols qui nomme les consuls sur la proposition des membres du conseil politique. Il prétend tenir ce droit d'une transaction passée entre les seigneurs et la communauté, le 5 des ides de février de 1226 (1). Seulement, depuis 1774, le prince a ordonné que les administrateurs ne resteraient en charge que pendant deux ans. Les consuls étaient salariés. En 1784, on allouait pour gages 100 livres au premier et au deuxième consul et 60 livres aux deux autres (2).

Les conseillers, choisis par les consuls et renouvelables par moitié tous les ans, étaient pris dans la noblesse, la bourgeoisie et les *échelles* (3).

Le jour de l'installation, le peuple s'assemblait à l'Hôtel de Ville. Le délégué du baron donnait lecture du brevet octroyé pour la nomination des consuls.

(1) En 1254, saint Louis rétablit le consulat électif par ses commissaires.

(2) L. A., *Bagnols en 1787.*

(3) On appelait *Echelles* une catégorie de citoyens classés dans les arts et métiers.

Chaque titulaire en recevait une copie. Alors le valet de ville lui mettait le chaperon sur l'épaule et le délégué lui faisait prêter serment : l'élu jurait sur les saints Évangiles d'observer fidèlement tous les devoirs de sa charge.

Ces solennités apparaissent régulièrement tous les deux ans, mais quand, pour ce renouvellement bisannuel, le secrétaire de Bagnols faisait attendre sa supplique, le baron prenait alors l'initiative.

Nous en fournissons la preuve : une lettre du 9 novembre 1782 :

« Messieurs les Consuls de Bagnols, Voici bientôt le temps auquel votre communauté doit me présenter trois sujets pour que, dans ce nombre, je nomme le premier consul de votre ville ; je désire que vous compreniez dans le nombre des trois le sieur Pugnière, avocat, et que vous ne doutiez jamais, Messieurs, de la sincérité de mes sentiments pour vous. L.-F.-J. de Bourbon. »

Le 1ᵉʳ décembre, la délibération, dans le corps de laquelle se trouve cette lettre, ajoute :

« Le conseil, qui ne demande que de faire des choses agréables à Son Altesse Sérénissime et lui prouver son respect, a unanimement délibéré que Son Altesse Sérénissime est suppliée de nommer M. Pugnière, avocat, premier consul, maire de cette ville, et d'accorder à la ville la continuation de sa puissante protection » (1).

Ajoutons, pour terminer, que les édiles d'alors savaient déjà se grouper pour multiplier et accélérer les travaux. Chaque année, le conseil se divisait en

(1) *Archives de Bagnols* : BB, 27, page 64. En lisant les délibérations suivantes, on remarque que l'assemblée avait tiré la carte forcée : on fut mécontent du consul imposé.

commissions. Il y avait le bureau « *pour la dresse des impôts, pour la passassion des baux, pour la police, pour l'expertation (les expertises).* »

Cet usage, sensiblement modifié, s'est perpétué jusqu'à nos jours.

Mais continuons le récit des faits et gestes de la population active des bords de la Cèze. Deux grandes entreprises préoccupaient les Bagnolais depuis de longues années : la fondation d'un collège et celle de l'hôpital. Nous savons que déjà, en 1662, Armand de Bourbon avait établi à Bagnols la corporation des Joséphites ; leur maison était prospère, cependant le personnel enseignant paraissait insuffisant. A peu de distance de nous, à Rivières-de-Theyrargues (1), sur les rives de la Cèze, le prince, depuis 1728, avait installé un collège provisoire, mais le château du village était de proportions trop exiguës, il fallut songer à Bagnols (2).

Le 2 février 1781, le 18 mars et le 24 juillet suivant, on délibéra sur cet important sujet. Le prince de Conti venait d'accepter des arrangements avec les Pères de Theyrargues indemnisés.

Bagnols se trouvait en grande faveur dans la corporation des Joséphites : le supérieur d'alors, un Bagnolais, messire Blanchard, devint curé de ses compatriotes. Il fut remplacé à Lyon par un de ses amis d'enfance, l'abbé Gentil. Le sous-directeur était M. Borrely, encore un Bagnolais. Pourquoi s'étonnerait-on que ces hauts dignitaires fissent briller dans leur ville natale l'ordre des Joséphites ? En 1781, le conseil presse et pousse à l'exécution du

(1) *Archives de Bagnols* : BB, 26.

(2) Le collège contenait : 1 Directeur, 2 Préfets, 5 Régents, 80 Pensionnaires, en 1776.

projet et le concordat passé, 'tout fut conclu (1). Le conseil remercia Son Altesse Sérénissime des marques de protection.dont elle avait bien voulu honorer la ville de Bagnols.

Le 7 juillet, le premier consul, Maire, a exposé au conseil qu'en 1779, il fut pris une délibération par laquelle Son Altesse Sérénissime serait très humblement suppliée de vouloir bien permettre que la porte de la *Pouligière* fût refaite aux frais de la ville, à l'instar de celle des Peirières (2). Il s'agissait d'agrandir la voie et de faciliter l'écoulement des eaux pluviales qui s'y *engourguent* (sic) ; lecture est faite de la supplique intitulée : *Mémoire du bon couché au pied* (sic) (3), signé par Son Altesse Sérénissime. Il a été unanimement délibéré que la démolition et la reconstruction seraient mises aux enchères.

Voici la copie du titre original :

Mémoire.

« MM. le Maire, Consuls et Communauté de Bagnols ont l'honneur de supplier très respectueusement Son Altesse Sérénissime, Mgr le prince de Conti, de refaire la porte de la ville appelée la Poligière ; la voûte au-dessus de la porte menace une ruine très proche et pourra écraser quelqu'un, si on ne la refait bientôt à l'instar de celle des Pèrières. »

Et ce que le secrétaire du conseil appelle le : « Bon

(1) Concordat. Long document de 11 pages signées, le 29 août 1781, de Saint-Priest. *Archives de Bagnols :* BB, 26.

(2) Quartier où l'on tirait les pierres, de là : *Peirières.*

(3) Il est curieux de lire la copie adressée au prince. C'est une simple feuille de papier à lettre ayant 190^{mm} sur 150^{mm}, fixée sur le registre des *Archives :* BB, 27, page 35, au moyen de 4 pains à cacheter. Le texte original du mémoire suit sur le même registre de la délibération.

couché au pied, » ce sont trois lignes signées du prince : un autographe :

« Bon à leurs permettre ; mais bien entendu que tant pour le présent que pour l'avenir, tout se fera toujours à leurs frais. A Paris, ce 8 juin 1782.

« L.-F.-J. de Bourbon » (1).

Outre la construction du collège, Bagnols, nous l'avons dit déjà , allait se lancer dans une autre grande entreprise : l'hôpital de Saint-Roch. L'ancien établissement charitable était situé dans une maison exiguë, peu aérée, presque au centre de la ville (2).

Reportons - nous à l'année 1776, les membres du bureau cherchaient un local spacieux. On opta pour le plateau des Perrières, où était jadis la citadelle, qui avait été démolie, ainsi qu'une partie des remparts, par ordre de Louis XIII, à l'époque de la rébellion de Montmorency. Une demande fut adressée à M. Amelot, ministre et secrétaire d'État, pour le supplier de faire accorder par Sa Majesté «des lettres patentes nécessaires en permission de bâtir. » Le conseil implora le prince de Conti afin qu'il s'intéressât au projet. On attendait le *bon plaisir* du prince.

Voici les différentes phases de cette opération grandiose pour la pays.

En 1777, le roi accorde l'autorisation de bâtir. Un an plus tard, le prince, renonçant, en faveur des pauvres, à tous ses droits seigneuriaux, accorde, lui aussi, la *concession gratuite du vacant de la citadelle*. Après

(1) Nous avons copié fidèlement le texte signé : L.-F.-J. de Bourbon. *Archives de Bagnols* : BB, 27.

(2) La maison de M. J. Vignal, Grand'Rue, rue de l'Hôpital et place Petite-Fontaine.

de nouvelles lenteurs, Louis de Bourbon consent, en 1779, à ce que l'on bâtisse l'hôpital. L'adjudication des travaux fut donnée, le 2 octobre 1780, au sieur Dégan, de Bagnols (1). Le 30 décembre, le prince accepta la pose de la première pierre et remercia de l'honneur par une lettre au Maire, pleine de courtoisie, dont voici la dernière phrase d'une politesse raffinée : « C'est avec bien du plaisir que je saisis cette circonstance, Monsieur, pour vous donner des assurances de la sincérité des sentiments d'estime bien véritables que j'ai pour vous. Signé : L.-F.-J. de Bourbon. »

Le travail devait durer deux ans ; on était à bout de ressources, il fallut emprunter. On cite encore les noms des personnes aisées et charitables qui prêtèrent des sommes importantes. Mais terminons à ces lignes le récit de cette construction que le prince de Conti ne vit pas achever. Ce fut *Monsieur*, frère du roi, qui autorisa la fin des travaux.

Reprenons alors l'historique du Collège, dont le prince de Conti, après l'avoir doté de 10.000 livres, eut la satisfaction de voir l'achèvement définitif. Nous nous étions arrêtés à 1781, année de la signature du Concordat.

Une délibération du 22 février 1783 porte qu'en présence des notabilités de la congrégation et de la ville, le conseil ira avec M. de Roussel et le Clergé faire la dédicace du collège à son Altesse sérénissime comme l'hommage le plus respectueux que l'on puisse rendre à Mgr le Prince, en l'appelant : *Collège de Conty*. L'assemblée assistera au place-

(1) Léon Alègre, *Notices bibliographiques du Gard, canton de Bagnols*, t. I, pages 159 et suivantes ; *Cabrol*.

ment d'une pierre sculptée aux armes du Prince (1).

Après le discours de M. Pugnières , premier consul, le cortège se mit en marche M. Blanchard, curé, accompagné de cinquante prêtres, en habit de cérémonie, se dirigea processionnellement vers la citadelle ; tous, officiers de justice ou municipaux, suivaient en robe ; un détachement de Grenadiers d'Artois bordait la haie où se pressait la foule qui acclamait le prince de Conti. MM, Gentil et Roussel, représentaient, l'un la congrégation, l'autre le prince. Un *Te Deum* fut chanté en musique. Plus de quatre-vingts ouvriers qui avaient travaillé aux constructions reçurent dix louis de la part du seigneur de Bagnols. Il y eut tir de dix-huit boîtes et quatre décharges de mousqueterie, cris d'allégresse et vivats en l'honneur du prince Conti.

Telle fut la dernière œuvre monumentale à laquelle restera attaché son nom à Bagnols. Ce seigneur, très aimé, devait dans l'année même, se séparer de notre ville : il allait *vendre sa Baronnie , vendre ses droits.*

En répondant à la demande de nomination d'un consul pour l'année, voici en quels termes il annonce la nouvelle aux Bagnolais :

« Paris, le 16 décembre 1783.

« Messieurs les Maire et Consuls de Bagnols,

J'ai reçu avec la lettre que vous m'avez écrite la délibération qui y était jointe. Par l'arrangement que j'ai fait avec *Monsieur* frère du Roi, la ville de Bagnols, faisant partie de ses possessions, c'est à M. Cremot, surintendant de ses finances, que vous

(1) *Archives de Bagnols*, BB. 27 ; page 101. L. A., *Notices Biographiques*. Gentil, T. 1er, page 197.

devez dorénavant vous adresser. Je viens en conséquence de donner des ordres nécessaires, pour que
votre délibération soit renvoyée.

« Je suis bien véritablement, Messieurs les Maire
et Consuls de Bagnols, votre affectionné serviteur.

L. F. J. de Bourbon. »

Tel était l'homme que nos Pères avaient alors pour
souverain maître de la Cité. Nous n'avons pu nous
défendre d'une impression pénible en lisant ce que
nous appellerons la lettre *d'adieu* du prince de
Bourbon.

Le ton indifférent et hautain de la missive contraste avec les formes serviles, à force d'être polies,
de ses humbles vassaux : pas un mot de regret, pas
un seul pour un peuple si naïvement soumis.

Outre le *Bon plaisir* du Baron, la juridiction royale
complétait le faisceau du pouvoir absolu.

Cependant nous ne pouvons pas nous désintéresser tout à fait de la personnalité du prince de Conti;
disons ce qu'il devint après avoir cédé sa baronnie à
son parent, qui fut son successeur. Nous avons vu
qu'il était sorti de France, à la suite des autres
princes adversaires, comme lui, de toute réforme : sa
rentrée n'eut lieu qu'en 1790. A cette époque, il préta
le serment civique et se tint dans ses terres jusqu'à
son arrestation en 1793. Il fut détenu à Marseille
avec les jeunes princes d'Orléans.

Mis en liberté en 1795, il vécut dans ses domaines
jusqu'au 18 fructidor. Le Directoire le fit conduire
aux frontières d'Espagne. Il se réfugia à Barcelone
où il mourut en 1814. Avec lui, s'éteignit la maison
de Conti.

Il ne laissa que deux fils naturels, François-
Claude, Chevalier de Bourbon-Conti, 1771, et Fran-
çois-Félix de Bourbon-Conti, 1772.

Louis-Stanislas-Xavier de Bourbon,

Fils de France, Monsieur, frère du Roi, duc d'Anjou
et d'Alençon, Comte du Maine, du Perche
et de Senonches, Baron de Bagnols.

1783

Le premier acte d'autorité de *Monsieur*, comme seigneur de Bagnols, fut la nomination du sieur Joseph Martin, 4ᵐᵉ consul. Le brevet fut signé à Versailles, le 23 décembre 1783. M. Roussel le communiqua à la séance du conseil, le 1ᵉʳ janvier 1784. Après lecture, le nouvel élu a prêté serment entre les mains de M. le Prince, et a promis de bien et dûment s'acquitter de sa charge, prendre à cœur les intérêts de la communauté et ceux de la veuve et de l'orphelin, et de suite, il a été reçu et installé : le chaperon lui a été mis sur l'épaule, ayant pris rang dans l'assemblée.

Le 18 janvier 1784, le conseil supplie très respectueusement Monsieur et son conseil d'accorder ; à ceux qui achèteront le terrain, l'autorisation de bâtir sur les fossés et d'adosser les bâtiments contre les murs de la ville, de permettre la démolition des remparts pour toutes les ouvertures des rues et dans toute l'étendue qu'elle croira nécessaire pour le bien de la communauté et l'avantage des particuliers.

Le Conseil de la communauté s'assembla, au son de la cloche, le 9 mai 1784, sous la présidence de M. Barnabé Roussel, écuyer, juge de la ville et viguerie de Bagnols. M. Guinet, procureur fiscal, dit que M. Crémat Dubourg, conseiller d'État, surintendant des maisons, domaines et finances de

Monsieur, frère du Roi, lui a adressé le contrat de vente par S. A. S. Mgr le prince de Conti, à Monsieur frère du Roi, de la baronnie et viguerie de Bagnols et autres propriétés désignées dans l'acte passé devant M. Boudoin, notaire au Châtelet de Paris, le 7 octobre 1783 (1), à la suite duquel se trouve l'extrait de l'acte passé le même jour, entre très haut, très puissant et très auguste Monarque, Louis seizième du nom, roi de France et de Navarre, et Monsieur, frère de sa Majesté par lequel Monsieur déclare que la nue-propriété desdits biens vendus appartient à sa Majesté et l'usufruit à Monsieur, et enfin extrait du brevet signé par Sa Majesté daté de Versailles du 1ᵉʳ Janvier de cette année.

Un autre brevet signé par le Roi nomme des fonctionnaires chargés d'administrer et de gouverner les objets compris dans la vente. Il recommande honneur et respect aux commissaires du prince et particulièrement à M. Deschesne, qui a signé au registre (2).

Le 29 août 1784, on demande à Monsieur de modifier le tarif du péage du pont et de l'assimiler à celui de Valliguières pour la montée. La perception de ces droits, établis depuis 1772, donne lieu à des interprétations préjudiciables aux intérêts financiers de la commune.

Dans la même délibération, on s'occupe des poids du Roi : il y est dit : — « Par un jugement souve

____

(1) Le traité entre le prince de Conti, Monsieur et le Roi a été passé au château de Choisy dans l'appartement du Roi, avec les notaires, le 7 octobre 1783, après-midi.

(2) Le registre des *archives* BB, 27, page 292 et suivantes contient l'acte de vente : nous l'avons résumé.

rain des commissaires du domaine du Roi à Montpellier, le 16 décembre 1686, un droit des poids et des mesures publiques fut établi. Tout ce qui se vendait et s'achetait, par les étrangers seulement était pesé et mesuré. » Ce droit ne regardait point les habitants, lesquels étaient autorisés à avoir chez eux des poids et des mesures à leur usage. Les barons ont, à diverses époques, réclamé ces droits, ou bien l'avis de la communauté pour les modifier. On adressa une humble supplique et l'on présenta les délibérations précédentes, 1742 et 1754, demandant une modération progressive de la t xe.

Léon Alègre.

Ici se termine le manuscrit de feu M. Léon Alègre. Il conduit le lecteur presque à la veille de la Révolution française. Le titre et les droits des barons allaient, avec la féodalité, être emportés, par la tourmente. M. Léon Alègre avait voulu fixer, comme dans un instantané, l'état de son pays natal à la fin de l'ancien régime, dans *Bagnols en 1787,* complément aussi nécessaire qu'intéressant de la *Baronnie*. Il étudia ensuite le sort de la cité des bords de la Cèze, depuis 1788 jusqu'à 1805, dans les *Annales historiques de Bagnols,* publiées en 1900 par l'Académie de Nimes dans ses *Mémoires*.

Avec les éditeurs de *Bagnols en 1787,* qu'il nous soit permis d'ajouter :

« Léon Alègre croyait avec Montesquieu, que l'amour de la patrie conduit à la bonté des âmes. Aussi, pour faire aimer davantage la grande patrie française, celle qui nous est commune à tous, celle qui représente notre fonds national d'honneur, de gloire et de richesse, s'efforçait-il de mieux faire connaître, autour de lui, la petite patrie, contenue dans la grande. »

NOTE DE L'ÉDITEUR.

ERRATUM

A la page 22, après le titre : duc de Montmorency, au lieu de *1595,* lire *1585.*

TABLE DES MATIÈRES

Nimes. — Imprimerie Générale, rue de la Madelcine, 21.

ŒUVRES DE M. LÉON ALÈGRE

QUI ONT ÉTÉ PUBLIÉES

Album pittoresque du Gard, arrondissement d'Uzès, par Magalon, dessins de Léon Alègre, in-4 oblong, Bagnols, Alban Broche, 1842

Notice historique sur le Pont-Saint-Esprit, 1854. — Brochure in-12 de 56 pages. Imprimerie Alban Broche à Bagnols.

Le camp de César de Laudun près Bagnols, mémoire lu à la Sorbonne en 1865, publié en partie, texte et dessin, dans les mémoires des Sociétés savantes, brochure in-12.

Notices biographiques du Gard, Canton de Bagnols, — 2 volumes in-8, Bagnols 1880, librairie Auguste Baile.

Bagnols en 1787, publié en 1887. — Un volume in-12 avec portrait de l'auteur et illustrations d'après ses dessins. Imprimerie veuve Alban Broche à Bagnols.

Annales historiques de Bagnols de 1788 à 1805, publiées dans les Mémoires de l'Académie de Nimes, t. XXIII, 1900, p. 151 à 298.

Anciennes églises et chapelles romanes des environs de Bagnols, dans les Mémoires de l'Académie de Vaucluse et dans le volume de M. Labande : *Études d'histoire et d'archéologie romane ; Provence et Languedoc ;* Publication des notes et dessins de M. L. Alègre. — Un volume grand in-8° Avignon, Seguin, 1902.

Nimes. — Imprimerie Générale, rue de la Madeleine, 21.

www.ingramcontent.com/pod-product-compliance
Ingram Content Group UK Ltd.
Pitfield, Milton Keynes, MK11 3LW, UK
UKHW021725090726
13657UKWH00002B/512